教育部人文社会科学研究规划基金项目"高校出版单位差异化发展研究"（项目批准号:15YJA860019）研究成果之一

U0661635

施小占 著

大学出版社差异化发展研究

江苏大学出版社
JIANGSU UNIVERSITY PRESS

镇 江

图书在版编目(CIP)数据

大学出版社差异化发展研究/施小占著. — 镇江：
江苏大学出版社，2020.9
ISBN 978-7-5684-1395-4

Ⅰ.①大… Ⅱ.①施… Ⅲ.①高等学校 － 出版社 － 研
究 － 中国 Ⅳ.①G239.22

中国版本图书馆 CIP 数据核字（2020）第 163718 号

大学出版社差异化发展研究

Daxue Chubanshe Chayihua Fazhan Yanjiu

著　　者/施小占
责任编辑/吴小娟
出版发行/江苏大学出版社
地　　址/江苏省镇江市梦溪园巷 30 号（邮编：212003）
电　　话/0511-84446464（传真）
网　　址/http：//press.ujs.edu.cn
排　　版/镇江文苑制版印刷有限责任公司
印　　刷/镇江文苑制版印刷有限责任公司
开　　本/718 mm×1 000 mm　1/16
印　　张/13.25
字　　数/230 千字
版　　次/2020 年 9 月第 1 版　2020 年 9 月第 1 次印刷
书　　号/ISBN 978-7-5684-1395-4
定　　价/45.00 元

如有印装质量问题请与本社营销部联系（电话:0511-84440882）

施小占

1976 年 10 月生，汉族，江苏新沂人，管理学硕士，副编审。本科毕业于南京财经大学会计学专业，大学毕业后从事会计工作；2005 年从苏州大学商学院研究生毕业后进入苏州大学出版社做图书销售工作；2012 年开始从事职业教育图书策划编辑工作；截至 2020 年 9 月，共计策划出版了 200 余种教材、教辅及专著，并在《科技与出版》《新闻传播学》《传播与版权》等期刊作为第一作者发表了数十篇出版方向研究论文。

自　序

　　当前，大学出版社差异化发展既是一个全新的理论问题，也是一个重要的实践问题，对它的研究既要从理论层面进行探讨，也要从实践层面进行求证。本书在充分梳理、分析国内外研究大学出版社发展的相关成果的基础上，提出了大学出版社差异化发展的命题。大学出版社实施差异化发展战略具有现实的必要性和实际的可行性，本书运用理论研究与实证研究结合、定性分析与定量分析兼顾的方法对匹配大学出版社差异化发展的理论基础、实践比较、影响因素、战略实施、治理变革等进行了较为系统的研究，得出了一些基本结论：

　　第一，在大学出版社竞争越来越激烈和大学出版社发展越来越趋同的背景下，选择差异化发展既对大学出版社减小同质化竞争风险、形成独特的办社特色、提升核心竞争力及实现可持续发展具有重要的现实意义，又对数字化时代大学出版社实现科学的、多元化的发展具有重要的指导意义。大学出版社差异化发展是一种客观的存在，把差异化发展实践升华到战略管理的高度是关系大学出版社长远发展的根本问题，大学出版社要在激烈的出版市场中获得持久的竞争力、获得发展的主动权和话语权，就必须切实有效地实施差异化发展的战略。

　　第二，大学出版社差异化发展战略的形成既有丰富的、现实的理论指导，又有诸多典型的案例印证。其理论基础是分众理论、长尾理论、市场细分理论、定位理论、差异化战略理论、组织创新理论、战略管理理论、核心竞争力理论等，其现实印证是基于差异化发展的国内外著名大学出版社的办社实践。"准确定位→差异化战略→建立专业化特色化优势→提升核心竞争力→实现可持续科学发展"是大学出版社确定差异化发展战略的逻辑过程，准确定位是大学出版社实施差异化发展战略的必要前提，建立特色优势、提升核心竞争力是大学出版社实施差异化发展战略的根本目的，可持续科学发展是大学出版社实施差异化发展战略的永恒追求。

第三，影响大学出版社差异化发展的因素可分为内部环境因素和外部环境因素两个方面。内部环境因素包括产权单一化的现状短期难以改变，与母体大学发展目标契合度不够，出版人才断层、流失严重，企业管理制度不科学不合理，融合发展困难，主题出版能力不足，营销模式亟须创新等方面。外部环境因素分为宏观环境和出版行业内环境两个层面。宏观环境有政治环境、经济环境、社会文化环境、技术环境四大因素；出版行业内环境有专业化与品牌竞争、综合能力竞争、人才竞争、传统出版和数字出版的竞争，以及五种基本竞争力量五大因素。因素分析的目的是帮助大学出版社在实施差异化发展战略过程中能更好地了解自身的优势和劣势，抓住机会、减少威胁，把握机遇、发挥优势。

第四，大学出版社差异化发展战略的有效实施过程包括战略制定、战略选择、战略执行和战略评价四个基本环节。战略制定要遵循参与性原则、科学性原则、务实性原则和发展性原则，选择的路径有办社理念差异化、办社层次差异化、选题建设差异化、人才培养差异化、文化建设差异化等。战略选择要通过自上而下、自下而上、上下结合、战略小组四种方式形成战略选项，并利用定量战略矩阵对差异化战略选项进行优化选择。战略执行要遵循适度合理、统一领导、分工协作、权责一致、权变适应的基本原则，按照组织动员、制定实施方案、调整制度、优化资源配置、全面实施战略和控制战略过程的步骤有序推进。战略评价包括检查战略基础、考核执行绩效、采取控制措施。

第五，在互联网高速发展的数字出版时代，"千社一面"的传统办社模式已经"失灵"。为了避免大学出版社同质化竞争的风险，国家出版行政管理部门应该引导不同规模、不同层次的大学出版社走差异化发展道路，以实现有序竞争和科学发展。为了促进和实现大学出版社的差异化发展，本书认为，大学出版社外部治理变革主要应从两个方面进行：一是在国家层面，要进一步完善有关出版的法律法规，切实解决大学出版社在多元化治理结构方面面临的法律问题；二是在大学层面，为完善公司法人治理结构，当前拥有大学出版社的学校必须实现由"管理型"角色向"服务型"角色转变，为建立产权明晰、管理科学的现代企业制度奠定基础。具体来说，就是学校层面要建立和完善有利于大学出版社发展的制度环境，建立和维护有利于大学出版社差异化发展的办社环境，以及建立和营造有利于大学出版社参与公开、公平竞争的外部环境等间接服务形式及包括经费支持等各种直接形式。而在大学出版社内部治理变革方面，本书认为，必须以市场为出发点，创立适应性好、应变能力强、以人为本的柔性管理方式，使之成为提升大学出版社核心竞争力的重要保障。所谓柔性管理，就是对出版企业外部环境因素变化具有响应能力和对出版企业内部因素变化具有应对能力的出版管理。

研究大学出版社差异化发展是一项非常复杂的工程，限于本人研究能力和学术水平，思考的深度和广度不够，因此，本书对大学出版社差异化发展的研究只能说是"窥其一角"，还处于初始阶段，以期起到的是抛砖引玉的作用。另外，由于对大学出版社差异化发展的相关数据和最新信息掌握得不够多、不够新，本书的研究难免不周全、不严谨，还亟待更多的专家、学者从理论和实践上进行丰富和解读，特别是差异化发展度量标准的确定和差异化发展模型的建构均需要深入研究与不断完善。

苏州大学出版社社长、课题项目负责人张建初先生对本书的撰写给予了悉心的指导和帮助，在此表示衷心的感谢！

目　录

第 1 章　绪言　/001

1.1　研究背景缕析　/003

1.2　研究的意义与实践的价值　/007

1.3　国内外研究的现状（2010—2019）　/007

1.4　研究目标、内容，拟突破的重点　/011

1.5　研究思路和研究方法　/012

1.6　研究成果的预计去向　/013

第 2 章　大学出版社差异化发展的理论基础　/015

2.1　分众理论　/017

2.2　长尾理论　/019

2.3　市场细分理论　/020

2.4　定位理论　/022

2.5　差异化战略理论　/023

2.6　组织创新理论　/025

2.7　战略管理理论　/025

2.8　核心竞争力理论　/027

第 3 章　国外大学出版社差异化发展的实践比较　/029

3.1　美国大学出版社差异化发展的实践　/031

3.2　日本大学出版社差异化发展的实践　/037

3.3　美国、日本大学出版社办社经验对中国大学出版社发展的
　　启示　/040

第4章　我国大学出版社差异化发展的现状分析　/043

4.1　我国大学出版社差异化发展的状况分析　/045

4.2　我国大学出版社差异化发展的成功案例　/051

4.3　我国大学出版社差异化发展的实践启示　/071

4.4　要重视编辑人才的培养和引进　/080

第5章　影响大学出版社差异化发展的因素分析　/081

5.1　影响大学出版社差异化发展的外部因素分析　/084

5.2　影响大学出版社差异化发展的内部因素分析　/090

第6章　大学出版社差异化发展战略的有效实施　/105

6.1　大学出版社差异化发展战略的制定　/107

6.2　大学出版社差异化发展战略的选择　/119

6.3　大学出版社差异化发展战略的执行　/125

6.4　大学出版社差异化发展战略的评估　/131

第7章　大学出版社差异化发展的内外部治理变革　/135

7.1　大学出版社差异化发展的外部治理变革　/137

7.2　大学出版社差异化发展的内部治理变革　/144

附录：课题研究期间公开发表的研究成果　/149

参考文献　/202

第 1 章

绪 言

1.1 研究背景缕析

大学出版社是我国出版业的重要力量，是国家出版事业和高等教育事业的重要组成部分，自成立以来一直坚持着传播学术文化、服务大学教学科研的使命，始终坚守在推动学术出版、教育出版和专业出版发展的阵地上，为我国学术和文化实力的发展做出了巨大的贡献。目前，我国大学出版社数量已达到 110 家，涵盖综合类、文科类、理工类、师范类大学出版社。"十二五"期间，全国大学出版社生产码洋达到 1500 余亿元，销售码洋达到 1300 余亿元，较"十一五"分别增长 65% 以上[①]。我国大学出版社学科门类齐全、出版形式多样，拥有高质量的人文科学、社会科学、自然科学、技术科学及管理科学等方面的教材、学术著作和社会读物，图书和音像电子、数字网络各种出版形式并举，已形成完整成熟的大学出版体系。

综观我国大学出版社的发展，主要在于抓住了两个机遇——教育体制改革和文化体制改革。

首先，20 世纪 90 年代末开始的教育改革大大拓宽了大学出版社教材的出版空间。这具体表现为：

第一，教育改革使得我国高等教育毛入学率逐步增长。1990 年我国高考报考人数 283 万，录取 61 万人，录取率为 21.6%；10 年后，2000 年高考报考人数 375 万，录取 221 万人，录取率为 58.9%；再过

---

① 李子木. 大学版协年会开成了"挑刺会"——不谈成绩谈不足 短板问题唱主角 [N]. 中国新闻出版广电报，2019-11-20.

10年，到了2010年，高考报考人数已达947万，录取657万人，录取率为69.4%；而到了2019年，高考报考人数则达到了惊人的1031万，录取820万人，录取率达到79.53%。经过30年的大力发展，我国高等教育已从原先的精英教育进入大众化教育的阶段。伴随在校学生的不断增加，教材的需求量增长极快。

第二，教育改革使得过去教材出版的垄断局面被打破，由原来的一纲一本、一家出版社垄断出版的格局，发展为一纲多本，鼓励其他出版社通过竞争获得出版权。这就为有着丰富出版资源的大学出版社提供了新的发展机会，对师范类的大学出版社来说更是难得的机遇。

第三，教育改革使得教学成果不断涌现，国际交流逐步加强，这为大学出版社提供了拓展经营、培育新经营增长点的大好机遇。一些大学出版社不失时机地购买版权，迅速向市场提供一流的、包含最新研究成果的系列教材、教辅和教参。随着高等教育事业的蓬勃发展和改革的不断深化，大学学科建设和教材建设已经成为推动大学出版社快速发展的重要因素，完善和深化教材建设已经放到了大学出版社的重要位置，符合时代需要的教材出版既要与国内现代化建设紧密联系，反映我国社会、经济文化的新发展，又要站在与国际接轨的角度，吸收国外优秀的研究成果。当前教材更新换代的速度客观上加快了大量优秀教材的问世，满足了高等教育的需要。

其次，文化体制改革。进入21世纪，围绕加入世界贸易组织、转企改制、出版集团化、实施"走出去"战略等"大事件"，我国在文化体制领域进行了深刻的改革。同时，出版全球化、数字化、市场化使我国出版环境发生了深刻的变化，进一步促进了大学出版社的发展。大学出版社属于校办产业，在体制、机制和观念上带有比较强的传统计划体制的色彩，文化体制改革强调了出版业作为文化产业的发展要求，要求大学出版社必须加快内部体制的改革，按照企业运作规律来规划自身的发展目标和发展道路。文化体制改革对出版社影响最大的就是观念的转变。出版社过去是事业单位企业化管理，一直不重视市场运作。可是，现在出版社要作为一个产业来运作，就必须重视市场，运用产业发展的规律来引导现代出版工作。同时，树立起产业观念也有利于促进出版社内部机制的改革。

2007 年 3 月 22 日，教育部和新闻出版总署联合下发《关于高等学校出版体制改革工作实施方案》。4 月 22 日，大学出版体制改革试点工作会议在京召开，我国大学出版社开始了市场化的探索。2011 年 1 月国家新闻出版总署公布的数据显示，包括地方出版社、大学出版社、中央各部门各单位出版社在内的全国所有经营性出版社已全部完成转企，成为市场主体，中国出版业从此进入一个崭新的时代。

转企改制完成后，大部分大学出版社摆脱了体制机制的束缚，调动了出版社从业人员的工作积极性，对更灵活的运行机制适应良好，抓住了发展机遇。如：广西师范大学出版社改制完成后发行码洋在 2011 年达 6.03 亿元，税前利润攀升至 5700 万元；2015 年发行码洋 9.8 亿元，税前利润 6053 万元。北京师范大学出版集团截至 2016 年年底，生产总值由 2007 年成立时的 10.9 亿增长到 25 亿元，总资产由 4.7 亿元增长到 20.02 亿元，净资产由 4.4 亿元增长到 15.33 亿元。四川大学出版社从 2010 年完成改制后，连续 3 年在图书出版和营销发行上都达到了 20% 的增长率。南京大学出版社 2014 年实现销售码洋 3.44 亿元；2015 年实现销售码洋 3.64 亿元；2016 年销售码洋达到 4 亿元，在社会效益和经济效益方面真正实现了转型升级，产业发展迈上了新征程。但是，目前大学出版社中的"马太效应"正在逐步凸显，并呈现加强趋势。像北京大学出版社、清华大学出版社、中国人民大学出版社、北京师范大学出版社、外语教学与研究出版社、广西师范大学出版社等若干家有影响的大学出版社几乎在各个指标中都名列前茅，成为全国出版界的佼佼者，完全可以与一些出版"国家队"一较高低。而以燕山大学出版社、浙江工商大学出版社、江苏大学出版社为代表的新成立的大学出版社及一些中小型大学出版社，则普遍规模偏小，与各种奖项几乎无缘，承担的重点出版项目也很少，而且在发展上遇到了所有权体制调整难、用人制度调整难、缺乏市场竞争能力、无法适应市场化的窘境，这就需要地方大学出版社充分发挥主观能动性，立足自身既有资源，进行增量改革，以提升自己的综合实力和市场竞争力。因此，大学出版社不仅要面对转企改制的内部挑战，还要面对外部环境的变化。中央和地方大型出版集团的组建，实现了集团内出版资源的科学整合和雄厚的资金融合。对大学出版社而言，要面对的是市场分割的不断细化和争夺。与此同时，学术和专业领域中也出现了许多社科出版社，比如中国书籍出版社、中国经济出版社、商务印书馆等，使得大学出版社的竞争形势更加严峻。

与此同时，文化体制的深入改革、数字出版技术的冲击、国际出版巨头的竞争、民营出版的冲击等，也无不深刻地影响着大学出版社的发展。为了应对出版领域中出现的这些新情况、新任务和新挑战，我们十分有必要检视我国大学出版社改革与发展呈现的趋势特点。目前，我国大学出版社呈现出以下基本发展形势：

1. 出版方向持续调整，发展速度逐步放缓

为适应需求变化，大学出版社持续调整出版方向。宏观数据表明，教材教辅的品种有所减少，学术著作、市场图书、工具书的品种显著增加，但重印书品种下降，单种图书印量下降，发展速度逐步放缓。整体规模的增长多受益于图书提价；整体利润的下滑源于出版方向调整、高校教材订购政策变化和教育生态的数字化转型。

2. 渠道结构转型升级，营销优化逐步实施

目前大学出版社的销售渠道普遍不再是简单的"主渠道"和"二渠道"，而是拓展升级到融合电商、馆配、新华书店、民营实体店、民营批销商等于一体的综合渠道，天猫店、店中店建设及经销商优化已成为大学出版社渠道结构调整的常规任务。

3. 重点项目日益增多，引领示范作用显著

在国家出版基金等各类基金的资助下，大学出版社主动规划的重点出版项目日益增多。重点项目的系列性、规模性、专业性和前瞻性显著增强，引领示范作用明显。这不仅推动了重点选题、大规模专业选题的开发工作，而且帮助大学出版社锻炼、培养了一批出版和营销专业人才，提升了大学出版社的出版品牌建设水平。

4. 板块分化日益加剧，销售库存喜忧参半

受教材市场竞争和馆配市场发展等影响，大学出版社的选题板块发

生了很大变化。教材教辅板块缩小，学术专著和专业图书板块相对增大，对应的选题结构和出版板块出现了较大的分化。一般来说，核心拳头产品及其所在的主力销售板块维持了增长和相对稳定，但非核心产品、非主力板块的销售出现了下滑。一些曾经的核心、主力板块变成了非主流，成了非核心非主力，销售见缓，库存压力较大。

在这样的出版大背景下，研究大学出版社的发展，探讨大学出版社的成功经验，对于全国的大学出版社而言有着极其重要的借鉴意义。因此，本书试图通过对我国大学出版社的发展现状进行分析，解析影响我国大学出版社发展的因素，通过比较国外和国内大学出版社成功发展经验，以期找出适合我国大学出版社的差异化发展之路，实现大学出版社的健康持续发展。

1.2　研究的意义与实践的价值

站在改革开放 40 多年的新起点上，大学出版社要更加自觉地以习近平新时代中国特色社会主义思想为指导，守正创新，准确把握文化产业高质量发展的新要求与着力点，秉持大学精神，科学理性规划，融合创新发展，努力在教育与学术出版领域做出新成绩，推动出版业更好地"走出去"，为我国文化产业高质量发展做出新的贡献。

从理论意义上说，研究新时期大学出版社差异化发展不仅有助于对我国目前大学出版的发展现状有一个总体的认识，还可以帮助大学出版社清楚地认识到面临的挑战和机遇，探索相应的对策和战略，有助于大学出版社更快地找准自身的出版定位和发展策略，找到适合自身可持续发展的正确道路。从实践上来说，对国内一些优秀大学出版社的案例分析和对欧美等发达国家大学出版社成功经验的学习，可为我国大学出版社的发展道路起到一个指导借鉴的作用。

1.3　国内外研究的现状（2010—2019）

大学出版社的发展一直是国内相关期刊关注的重点，也是业界和学界的研究重点。

综观期刊文章的研究对象，大部分都是在出版活动中取得成功的大学出版社，研究这些出版社取得这些成就的原因，然后向业界和学界推广他们成功的经验，希望可以影响更多的出版社，让他们的发展道路可以有更多的选择。

从中国知网上搜索到的有关大学出版社的研究论文，从研究内容上来看，研究重点是大学出版社的转企改制和数字化环境下的数字出版。此外，定位、营销、核心竞争力、人才建设、品牌建设也是研究热点。下面选择几篇具有代表性的文章来说明。李纪方（2010）认为大学的发展要首先梳理与母体大学的关系，在源头上是姓"大学"的，大学出版社在出版中要正确处理好学术与市场的关系，要走品牌发展战略，借品牌效应来带动大学出版社的学术出版，而品牌的建设是一个长期系统的工程，包括前期的选题策划和后期的营销发行，应积极面向市场，出版目标读者满意的图书。刘涛（2011）的文章研究的是转企改制大背景下大学出版社的核心竞争力，用企业管理学中经常用到的 SWOT 法对改制之后的大学出版社进行环境分析，提出构建核心竞争力是大学出版社在当前复杂的形势下进一步发展的关键。王黎（2011）在文中通过分析大学出版社的绩效管理现状及存在的问题，提出了大学出版社绩效管理实施的建议，认为大学出版社完成体制改革后要直接面向市场和加强管理，提升绩效管理成为大学出版社增强核心竞争力的重要方面。周安平（2012）以西南师范大学出版社的大学教材出版工作为例，提出大学出版社可以通过渐进的精品化、区域化、校本化的"三化政策"思路来建设大学教材的出版，以期使经济和社会效益两方面都呈现良性发展态势，进一步扩大出版社教材出版的有效市场份额。王金龙（2012）提出完成转企改制后，大学出版社在日益激烈的竞争环境下要树立现代品牌战略意识，挖掘母体大学优势资源，找到准确的市场定位，深度开发大学教材，在出版过程中全程树立精品意识，全力塑造品牌图书，打造具有市场号召力的图书。刘晓嘉（2015）认为，对中小型大学出版社来说，采用事业部制的分权式组织管理模式将是组织管理便捷、有效的改革方向。冷桥勋、李克明、张和平（2016）则认为，随着"美丽中国"国家战略的实施，"美丽出版"应成为大学出版社的战略选择。转变观念，创新思维，坚持内容为王，推动传统出版和新兴出版融合发展，推进技术创新，加强队伍建设则成为大学出版社实施"美丽出版"战略的路径。甘世恒（2017）从"专精特新"4 个方面出发，剖析了中小型大学出版社在转型之路上可能遇到的实际问题。王军（2018）认为，要始终以坚定的政治方向为出版导向，坚持以管理制度改革为主线、以出版品牌铸造为关键、以出版队伍建设为支撑、以"走出去"和国际化为抓手、以网络化和数字化为保障，推动一流大学出版社建设。徐诗荣（2018）通过数据分析中小型大学出版社的现状，认为其在新时期的经营管理中必须根据这三个内涵（调整经营方向、加强内部治理、拓展业务范围）才能取得跨越式的发展。段存广（2019）分析了世界一流大学出版社的基本特征，并提出可以从品牌塑造、主动实施数字化、积极推动国际化等方面着手打造我国一流大学出版社。

此外，还有不少论文专注于个案研究，通过对有特色的大学出版社进行分析，总结这些大学出版社的成功经验，希望能够给大学出版社的发展带来助力。例如袁尚的《兰州大学出版社整合营销传播方案及其实现》、卢俊林的《广西师范大学出版社发展研究》、谭南冬的《湖南师范大学出版社改制研究》、谢林会的《兰州大学出版社营销策略研究》、刘杰的《广西师范大学出版社企业文化探析》、宋薇的《北京体育大学出版社体育图书发行现状分析》等，从这些论文的名字就可以看出，他们专注于一家大学出版社的某一具体的方面，或者是营销策略，或者是企业文化，或者是图书发行，希望通过这些个案，解析出这些大学出版社成功的原因，达到为国内其他大学出版社和其他出版企业的发展提供参考的目的。

相比期刊和博硕学位论文的数量，研究大学出版社的图书相对较少，具有代表性的主要有以下几部。蔡翔（2008）在书中对大学出版社的体制特征、经济特征、发展环境、目标和价值观、发展方式、模式选择进行分析，提出了大学出版社的资源战略和竞争战略。蔡翔的这本书在研究大学出版社的图书中是比较早的，更侧重于宏观问题的分析，分析的不是大学出版社的某个方面，而是在全方位分析大学出版社的发展。新闻出版总署前署长柳斌杰在给蔡翔的图书写的序中提到，我国大学出版社可以借鉴哈佛模式、牛津模式、剑桥模式的三种模式之一来发展。具体来看，"哈佛模式"是围绕学科专业，出版个性鲜明和各具特色的学术著作；"牛津模式"是走"大而全"和"百花齐放"的出版路线；"剑桥模式"是在图书出版上做到"少而精"和争取图书"一枝独秀"。从世界范围来看，哈佛大学出版社、牛津大学出版社、剑桥大学出版社是比较有特色的三家大学出版社，都取得了很好的效益。张进乐（2011）借用信息理论中的摘权分析法来研究大学出版社经营风险问题，通过定量分析的方式对大学出版社的经营风险评估、经营绩效评价、项目经营风险决策及经营主体风险防范对策等，对大学出版社经营风险问题进行了系统而全面的研究。刘银娣、唐敏珊（2011）则通过介绍欧美大型学术出版机构的营销战略，在对它们的营销实践分析和总结的基础上，归纳出欧美大型学术出版机构实施的主要的具有共性特征的营销战略，旨在帮助我们了解国内学术出版业和学术出版机构落后的原因，并为我国学术出版机构的发展提供参考。

在所检索到的文献中，国外资料主要集中在出版社的经营管理和营销方面，对于出版社行政管理方面的研究尚不多见。这主要是由于国外出版业管理在制度、体制及运作方法上和我国有很大的不同，在大多数国家，出版社采取了登记制的方法，出版社是完全市场主体，自主经营，自负盈亏，和其他企业并无差别。外国出版管理的内容包含两个方面：一是管理经验、经营方法、先进技术；二是文化思想领域的认识标准、法规和措施。从宏观管理体制上讲，外国出版管理体制均经历了一个由预防制演变到追惩制的发展过程。而我国的出版管理由初创时单纯的教育事业单位改革发展到"事业单位企业化管理"到现在转变为经营性出版企业，这是国外其他出版社不曾经历的过程，更是无可借鉴的。总体来说，关于国外大学出版社的研究，大部分尚停留在资料引述、考察所见与所感等阶段，尚缺乏理性的思考。借鉴国外同行经验，并加入理论思考，用以指导国内大学出版社发展的文章不多。如英国的《书商》杂志、美国的《出版商周刊》及美国大学出版社协会网站等对大学出版社的相关探讨，一般都只是简单介绍，没有深入分析。如安德烈·希夫林所著的《出版业》忠实记录了世界出版业的巨大变化，审视全球的出版趋势，深省自身的何去何从；保罗·理查森的《小型出版商：如何在出版巨头夹缝中生存》、小林一博的《出版大崩溃》、长冈义幸的《出版大冒险》等著作，虽然对出版社相互关系、出版社政府公关、出版社和行业协会之间的互动协调有所论述，但其主旨仍然在于研究出版社的盈利机制，探讨畅销书的形成过程等，没有对大学出版社的发展进行专门探讨。

分析相关研究可以看出，国内外对于大学出版社改革和发展的研究主要集中在学术出版、人力资源、财务、品牌、图书营销、选题策划等方面，针对大学出版社发展战略的个案研究不多，对大学出版社的发展路径、发展战略探讨较少。当前大学出版社面临前所未有的挑战和机遇，因而对大学出版社发展战略、发展路径进行研究具有十分重要的现实意义。

1.4 研究目标、内容，拟突破的重点

1.4.1 研究目标

本书的研究目标是在吸收、借鉴目前国内外专家学者关于大学出版社发展理论的现有研究的基础上，借助对国内典型大学出版社发展模式的案例分析和经验总结，结合长尾理论、分众传播理论、市场细分理论等，探讨在新形势下转制后的大学出版社的差异化发展路径选择问题，指导转制后的大学出版社根据产业特征、市场结构和自身实际，建立现代企业制度，形成科学有效的出版管理体制和充满活力的微观运行机制。

本书的创新之处在于在正确认识大学出版产业的特殊产业属性和正确理解大学出版体制改革精神的基础上，为大学出版社的发展提出了差异化发展战略及具体路径选择方面的建议和思考。

1.4.2 研究内容

围绕上述研究目标，本书从传播学的角度，运用分众传播的理论，阐明大学出版社要传播自己特定受众需求的信息，尤其是学术信息；同时，借用营销学中市场细分的理论，说明大学出版社要生产满足目标市场消费需求的小众产品，争取树立自己的品牌。长尾理论为分众出版和出版物市场细分提供了经济学理论支撑。分众传播和市场细分两种理论

的运用都是建立在差异化的基础之上的，无论是分众化的信息差异还是市场细分后的产品差异，归根到底都是读者对信息的差异化需求。因此，我国大学出版社要想在激烈的市场竞争中发展壮大，必须充分体现差异化，在差异化战略的基础之上，可以根据自身的特点和时代的特征采取不同的战略，例如品牌战略、数字化战略、国际化战略等。

1.4.3　拟突破的重点

综上所述，目前大学出版社由于市场化程度不高、资源和资本优势较弱，在面临大型出版集团和民营图书公司的竞争和挤压时，其发展和生存压力愈发艰难。因此，研究大学出版社如何实施差异化发展战略及如何选择适合自身的发展路径将成为本书研究的重点。

1.5　研究思路和研究方法

1.5.1　研究思路

1. 先期研究

对现有大学出版社研究成果进行梳理和归纳总结，形成本书的总体框架，建立和完善理论概念模型，设计总体研究路线和具体的操作方案，初步确定研究对象和调查内容。

2. 实际调研

对我国大学出版社领导和普通员工及大学出版理论研究者等展开深度采访，收集关于不同规模大学出版社现状和发展路径的数据、观点和案例。

3. 数据收集

基于国内外公开发表的论文、报道及新闻出版权威机构发布的相关信息，做好相关数据的收集整理工作。

4. 数据分析

对前期调查收集的数据进行定量分析，对前期文献阅览、深度访谈和案例分析得来的资料进行定性分析，分别得出关于大学出版社现状（分优势、劣势、机遇和挑战 4 个维度）的结论，并对两组结论进行比对和验证，得出最后结论，为后面的路径研究打好基础。

5. 路径研究

基于对大学出版社现状的分析，以及对大学出版社发展典型案例的剖析，提出大学出版社差异化的发展路径。

1.5.2 研究方法

本书采取理论研究与实证研究结合、定性分析与定量分析兼顾的方法。

1.6 研究成果的预计去向

1. 预计去向之一：大学出版社

本书的创新之处在于在正确认识大学出版产业的特殊产业属性和正确理解大学出版体制改革精神的基础上，从战略管理角度，探讨我国大学出版社转企后如何坚守产业特性，以企业身份发挥社会效益、追求经济效益并协调两者关系，走一条符合产业属性和自身特征，具有特色的差异化发展道路。本研究的结论与成果，可以为大学出版社制定和调整发展战略提供方法、思路和理论依据。

2. 预计去向之二：出版行政主管部门

本书将为出版行政主管部门在制定促进大学出版社发展的政策方面提供相关依据和参考。服务经济将成为 21 世纪的主导经济，政府需要建立与服务经济相适应的管理体制和运行机制。因此，出版行政主管部门不仅需要从宏观上促进产业结构的调整，而且需要在微观上为出版行业中的大学出版社创造良好的政策环境，营造公平公正的市场竞争环境，提供优质、高效的管理服务，从而激发大学出版社的活力，促进社会主义文化事业的繁荣。

第 2 章

大学出版社差异化发展的
理论基础

　　大学出版社差异化发展是大学出版社发展的一种基本竞争战略，它是大学出版社通过对自身发展历史、办社理念、目标定位、竞争能力的不断反思，根据自身的优势和特色寻求在出版体系中不同于他社的个性化发展路径，以提高竞争能力，形成独特的竞争优势，确保可持续快速发展。差异化发展基于分众理论、长尾理论、市场细分理论、定位理论、差异化发展理论、组织创新理论、战略管理理论、核心竞争力理论等。分众理论是大学出版社差异化发展的现实基础，战略管理理论是大学出版社差异化发展的战略导引，准确定位是大学出版社差异化发展的前提条件，核心竞争力理论是大学出版社差异化发展的目的追求，长尾理论、市场细分理论等其他理论是大学出版社差异化发展的具体依据。因此，要把握差异化发展，就要厘清上述理论。

2.1　分众理论

2.1.1　分众理论的内涵

　　1970 年，阿尔文·托夫勒在《未来的冲击》一书中首次提出了"分众"的概念。分众，顾名思义，指的是受众并不是同质的孤立个人的集合，而是具备了社会多样性的人群。在人口统计学特征上，受众分属于不同的性别、年龄、学历、民族、职业、居住地等；在社会群体归属特征上，受众成员的个人差异也是非常明显的。

　　具体而言，分众理论的核心内容是：（1）社会结构具有多样性，是多员利益的复合体；（2）社会成员分属于不同的社会群体，其态度和行为受群体属性的制约；（3）分属于不同社会群体的受众个人，对大众传播有不同的需求和反应；（4）在大众传播的面前，受众并不是完全被动的存在，他们在媒体接触、内容选择、理解上都有着某种自主性和能动性。

从上可以看出，分众理论的一个前提假设是：人们有着不同的性别、年龄、职业、学历文化，有着不同的个人属性和社会属性，因而他们的媒介需求、接触动机、兴趣和爱好也是不同的，媒介只要对受众进行精准的定位，就能取得较好的传播效果。

2.1.2 分众理论与图书出版

网络媒体的兴起实现了个性化的传播服务，媒体传播进入分众时代，图书出版同样如此，读者需求也越来越倾向于分散化、细分化和个性化。以少儿图书市场为例，目前少儿图书市场被细分为少儿文学、绘本、少儿科普、少儿英语等 10 多种门类，图书销售竞争已达到白热化程度，各出版单位都在根据市场环境和读者的变化不断地走向专业化与精细化，利用目标客户（读者）定位技术、数据分析技术及线上—线下营销工具，精准营销定位，提升市场竞争力。

随着信息与知识的个性化消费开始觉醒，图书出版必须通过精心挑选才能到达产品的最佳目标受众。在产品和市场被不断细分和重新定义的同时，图书市场开始由大众行销向分众行销转变。分众传播以微观视角进一步细分"圈层受众"，这些同一"圈层"的受众有着一致或者相似的关注点和价值取向，并愿意借助互联网平台将信息分享给更多有相同爱好和属性的人。因此，分众时代的图书出版，不仅仅要精准定位目标受众（读者），更要与其产生互动和交流，创造出他们乐于接受和分享的图书内容。虽然，图书作为一种大众文化产品，很难像服装、首饰、家居、旅游等产品一样进行一对一或一对多的"私人定制"，但是可以利用大数据用户模型，推断出目标受众（读者）的阅读喜好和需求，据此进行可行性选题策划。例如，人民日报社、人民出版社、中国少年儿童新闻出版总社合作推出的《习近平讲故事（少年版）》，就是以发行数百万册的畅销之作《习近平讲故事》为基础，针对少年儿童的阅读特点推出的青少年"定制版"图书。该书内容生动具体、通俗且深刻，是帮助广大少年儿童建立文化自信、增强自我认同、助力树立正确"三观"、扣好人生第一粒扣子的优秀读物。此外，京东、当当、亚马逊等电商平台也基于自身的大数据优势，推出面向部分群体或者单个群体的定制版图书。如《草房子（当当网定制版）》由知名艺术家创作油画版插图和封面，使绘画艺术的形式与纯美文字相辅相成，让孩子们在阅读中享受文学与艺术的双重盛宴。

2.2　长尾理论

2.2.1　长尾理论的内涵

根据维基百科，长尾（The Long Tail）这一概念是由《连线》杂志主编克里斯·安德森（Chris. Anderson）在 2004 年 10 月的《长尾》一文中最早提出的，用来描述诸如亚马逊和 Netflix 之类网站的商业和经济模式。长尾实际上是统计学中幂律（Power Laws）和帕累托分布（Pareto distributions）特征的一个口语化表达。过去人们只能关注重要的人或重要的事，如果用正态分布曲线来描绘这些人或事，人们只能关注曲线的"头部"，而将处于曲线"尾部"、需要更多的精力和成本才能关注到的大多数人或事忽略。例如，在销售产品时，厂商关注的是少数几个所谓"VIP"客户，"无暇"顾及在人数上居于大多数的普通消费者。而在网络时代，由于关注的成本大大降低，人们有可能以很低的成本关注正态分布曲线的"尾部"，关注"尾部"所产生的总体效益甚至会超过"头部"。例如，某著名网站是世界上最大的网络广告商，它没有一个大客户，收入完全来自被其他广告商忽略的中小企业。安德森认为，网络时代是关注"长尾"、发挥"长尾"效益的时代。

长尾市场也称为"利基市场"。"利基"一词是英文"Niche"的音译，意译为"壁龛"，有拾遗补阙或见缝插针的意思。菲利普·科特勒在《营销管理》中给利基下的定义为：利基是更窄地确定某些群体，这是一个小市场并且它的需要没有被服务好，或者说"有获取利益的基础"。

简单地说，所谓长尾理论，是指只要产品的存储和流通的渠道足够大，需求不旺或销量不佳的产品所共同占据的市场份额可以和那些少数热销产品所占据的市场份额相匹敌甚至更大，即众多小市场汇聚成可产生与主流相匹敌的市场能量。也就是说，企业的销售量不在于传统需求曲线上那个代表"畅销商品"的头部，而是那条代表"冷门商品"经常被人遗忘的长尾。

举例来说，一家大型书店通常可摆放 10 万本书，但亚马逊网络书店的图书销售额中，有 1/4 来自排名 10 万以后的书籍。这些"冷门"书籍的销售比例正高速成长，预估未来可占整个书市的一半。这意味着消费者在面对无限的选择时，真正想要的东西和想要取得的渠道都出现了重大的变化，一套崭新的商业模式也跟着崛起。

简而言之，长尾所涉及的冷门产品涵盖了更多人的需求，有了需求后，就会有更多的人意识到这种需求，从而使冷门不再冷门。

2.2.2　长尾理论与图书出版

图书出版业是"小众产品"行业。市场上流通的图书达 300 万种，大多数图书很难找到自己的目标读者，只有极少数的图书最终成为畅销书。由于长尾书的印数及销量少，而出版、印刷、销售及库存成本又较高，因此长期以来出版商和书店的经营模式多以畅销书为中心。网络书店和数字出版社的发展为长尾书销售提供了无限的空间市场。在这个市场里，长尾书的库存和销售成本几乎为零，于是，长尾图书开始有价值了。销售成千上万的小众图书，哪怕一次仅卖一两本，其利润累计起来甚至也可以超过那些动辄销售几百万册的畅销书。如亚马逊副经理史蒂夫·凯塞尔所说："如果我有 10 万种书，哪怕一次仅卖掉一本，10 年后加起来它们的销售就会超过最新出版的《哈利·波特》。"

2.3　市场细分理论

2.3.1　市场细分理论的内涵

美国著名经济学家温德尔·史密斯于 20 世纪 50 年代提出了市场细分理论，当即在理论界引起了强烈反响，迅速为经济实践活动所运用并产生了良好的运行效果，在今天的企业经营界仍产生着持续的影响。市场细分是一种对市场的再认识理论，其主要观点包括：根据消费者的需求特征认识市场；按照消费者不同群体需求与欲望"细分"市场整体，将市场分解成若干不同的"分市场"，再将"分市场"划分为若干"子市场"；经营者从细分出的分市场或子市场中选择一个或几个作为营销目标；根据营销目标群的消费需求，制定经营策略，提供相应产品，有效占领市场。

市场细分理论作为现代营销体系中的一个重要组成部分，其划分市场的重要手段是将市场根据消费群体不同心理需求划分为"同质市场"与"异质市场"。所谓同质市场，是指消费者对产品的需求大致相同，如基本的日常消费品、饮食、服装及通信等；所谓异质市场，是指消费者对产品的需求有较大的差异性，如饮食习惯不一，具体购买动机就会不同，服装则有款式、色彩的差异等。

随着社会主义经济体制改革的进一步深入，市场细分理论也为我国理论界所认识，但未引起重视，也没有在经济实践活动中得到运用。

2.3.2　市场细分理论与图书出版

出版物市场细分，就是根据读者不同的需求与欲望，对读者群进行分类，从而将整个出版物市场划分为分市场与子市场。在不同的分市场、子市场之间，读者群需求存在着较大的差异，呈现异质性特征；而在每个分市场或子市场内部，这种差异比较细微而存在同质性特征。只有把握住了出版物市场及次市场的运行走向，并选定一个或几个细分市场作为营销目标，进行恰当的市场定位，并对选题、印制、定价、营销策略进行全方位策划，才能有效地占领目标市场，实现经营目标。

传统的出版经营模式，就是在力所能及的范围内，品种越多越好，覆盖读者群越多越好，并以此作为衡量出版社实现两个效益的标准。这种传统的管理模式，不讲究区分读者群，甚至尽可能突破自己出版社的出版范围，更谈不上运用市场细分理论对出版物市场进行细分。现代社会知识日新月异，我们真正进入了知识爆炸时期；出版技术手段也迅猛发展，除传统的纸介质读物之外，声、电、光介质也迎头赶上；随着出版体制改革的日益深入，出版物品种日渐增多，出版物市场竞争更加激烈，读者需求更呈现出多样化异质特点。在这种环境下，任何出版社均不可能满足所有读者的需求并在各类出版物市场中立于不败之地。对市场进行细分，集中力量形成出版特点，占领目标市场，进而创立自己的品牌系列，就成为出版社经营中顺理成章的思路了。

2.4　定位理论

2.4.1　定位理论的内涵

定位理论是美国著名学者杰克·特劳特提出的一个品牌战略思想，它的核心观点就是：企业要设法确定品牌在市场中所处的位置，从而在消费者心智阶梯中占据最有利地位，使品牌成为某个商品类别或某种特性的代表品牌。在确定了品牌在消费者心智中的定位后，就要围绕定位配置资源，使品牌定位成为引领企业在战略竞争中胜出的利器。

杰克·特劳特的定位理论是在总结20世纪50年代以来世界品牌与营销环境变化的基础上提出来的。他认为，20世纪50年代以来世界品牌与营销环境有如下三次重大变化：20世纪50年代，由于产品品牌还比较有限，人们重视的是产品的功能，这一时期是产品至上时代，对应的是罗塞·瑞夫斯的独特销售主张（USP）理论；20世纪60年代，人们在追求产品的实用功能之外，还追求心理满足，这一时期是形象至上时代，对应的是奥威格的品牌形象论；到了20世纪70年代，产品日益丰富，品牌众多，在这种情况下，品牌的独特定位成为胜出的决定性因素，是为定位至上时代，对应的是杰克·特劳特的定位理论。

在特劳特看来，定位理论发展到现在，早就从广告定位理论提升为企业经营战略理论了。而战略对企业来说，就是一个焦点明确的价值定位。也就是说，战略是买你的产品而不是你竞争对手产品的理由。战略就是让一个企业和产品与众不同，形成核心竞争力。对消费者而言，就是鲜明地建立品牌。

特劳特定位理论的一个重要特点在于，他特别强调，商业竞争的基本单位不是企业而是产品品牌，消费者的心智才是商业竞争的终极战场，而品牌是决胜于这个终极战场的武器和工具。特劳特定位理论提出后，运用于企业战略咨询，取得了很好的效果。美国IBM公司、美国软件企业莲花公司、美国西南航空公司、七喜汽水等，都是在遭遇重大经营困境时接受特劳特战略咨询意见、运用定位理论重获生机的经典案例。

2.4.2　定位理论与图书出版

以数字出版为例，要打造数字出版品牌，就要首先了解国内外数字出版市场的一流企业，找出这些企业的数字出版品牌在市场上的定位，分析其优势和劣势，发现市场机会，由此确定自己的市场定位、品牌定位，然后组织资源全力打造。目前在国际市场上，谷歌、苹果、亚马逊都有数字出版业务和品牌，我国的百度、盛大、腾讯也是如此，而阿里巴巴也计划进入这一领域。大学出版社如果要打造有竞争力的数字出版品牌，就不能只在出版业里寻找竞争对手，而要在互联网业里寻找标杆，这样取法乎上，才有可能成功。

2.5　差异化战略理论

2.5.1　差异化战略理论的内涵

差异化战略是出现于 20 世纪末期的一种营销学理论，它是在以消费者为中心的市场营销观念的背景下产生的。1980 年，美国哈佛大学商学院首席教授迈克尔·波特提出了差异化战略，即将公司提供的产品或服务差异化，形成一些全产业范围内具有独特性的东西。波特认为实现差异化战略可以有许多方式，比如，品牌形象、技术特点、外观特点、客户服务、经销网络及其他方面的独特性。具体来说，差异化战略理论是指企业通过独特的产品特性，以及技术、品牌形象、附加特性和特性化服务等来强化产品特点，增加消费者价值，使得消费者愿意对该类产品支付较高的价格。在现代企业竞争战略理论中，一个企业要在激烈的市场竞争中确立自己的优势地位，通常有 3 种战略选择：

一是基于成本领导的价格优势战略。即相对于竞争者来说，以很低的总成本提供产品和服务，从而吸引广大的顾客。

二是基于产品差异化的差异化战略。即与竞争对手的产品有差别、有特色，从而吸引广大的顾客。

三是目标集聚的集中战略。即选择产业内一种或一组细分市场，使战略为这一细分市场服务，而不是为其他细分市场服务，致力于追求其目标市场上的竞争力优势，而不是全部市场。

在具体的企业中，差异化战略是企业广泛采用的一种战略。事实上，一个企业将其产品或服务差异化的机会是无限的，因为每个企业都有自己的特点，存在很多差异化的机会。当然，一个企业能否将其产品和服务差异化，还与产品的特性有密切的关系。例如，汽车比一些高度标准化的产品（如水泥等）有更大的差异化潜力。企业可以通过各种方法实现产品和服务的差异化，为顾客创造价值，差异化的目的是增加竞争力和赢利。因此，必须分析顾客需要哪种差异化，这种差异化所创造的价值应超过它所增加的成本。换句话说，企业必须了解顾客的需要和选择偏好是什么，并以此作为差异化的基础。差异化战略并不是追求形式上的特点与差异，它所关注的问题也是企业战略要解决的基本问题，即谁是企业的顾客，怎样才能创造价值，在满足顾客要求并赢利的同时，怎样才能比竞争对手更有效率。

2.5.2　差异化战略理论与图书出版

差异化战略理论在图书出版中的应用非常广泛，本书下面以果麦文化传媒（以下简称"果麦"）策划出版的公版书为例来说明差异化战略理论在图书出版中的应用。

果麦成立于 2012 年 7 月，由知名出版人路金波创立。果麦在官方网站中宣称，其以城市新兴中产阶层为目标读者（观众），努力为其提供图书、电影和互联网文化产品等更好的精神食粮。果麦成立至今，策划出版了较多的公版书，通过对其官方网站上的图书信息进行统计可知，自 2013 年至 2017 年，果麦共策划出版图书 456 种，其中公版书 184 种，占比约为 40.35%。

果麦策划出版的公版书差异化战略主要体现为：

（1）市场定位差异化——锁定城市中产阶层；（2）图书内容差异化——重新点校、注释和翻译；（3）装帧设计差异化——精选配图，装帧文艺；（4）宣传营销差异化——把握时机，巧借明星代言。

通过出版差异化运作，果麦策划出版的公版书效益显著：

（1）从 2013 年开始，果麦与知名翻译家李继宏合作，共同策划推出"李继宏世界名著新译"系列图书。2015 年，李继宏翻译的《小王子》被法国圣埃克苏佩里基金会指定为"唯一官方认可中文版"，李继宏也受邀访问巴黎和里昂。2016 年，圣埃克苏佩里基金会在上海宣布该书的销量已突破 200 万册。（2）2016 年，果麦携手新世相策划推出《青春版·红楼梦》，引起社会广泛讨论；2017 年，果麦策划出版的《浮生六记》荣登"开卷 2017 年年度非虚构类畅销书"第四名、"京东2017 年图书销量榜"第一名。

2.6　组织创新理论

马歇尔在 1890 年出版的名著《经济学原理》中论及生产要素问题时，在萨伊的生产要素（劳动、资本和土地）说上，独出心裁地提出了第四个要素，即"组织"。马歇尔使用的"组织"概念中，既包含企业内的组织形态，也包括产业内企业之间的组织形态，还包括产业之间的组织形态（产业结构），甚至包括国家组织形态等。而后来的产业组织理论，正是从研究其中的第二个组织形态，即产业内企业之间的关系形态发展起来的。

组织创新即由原来的组织形式发展到一种新的组织或一种新的组织形式的出现。在经济领域，企业内部组织结构的变革可以成为组织创新；企业之间的合并、兼并、联合也可以视为组织创新，原来独立的科技开发机构进入企业或与企业联合也是组织创新。组织创新是一种市场行为，目的是提高经济与科技资源的配置效率，最终是提高产业发展的绩效。组织创新理论应用到出版行业，主要是为大学出版社走集团化发展路线提供理论上的指导。

2.7　战略管理理论

2.7.1　战略管理理论的内涵

战略管理理论起源于 20 世纪的美国，萌芽于 20 年代，形成于 60

年代，在 70 年代得到大发展，到 80 年代受到冷落，至 90 年代又重新受到重视。从战略管理理论发展的冷热变化过程来看，人们对战略管理的认识经历了一个比较曲折的过程。其背景原因主要在于五六十年代，二战后的美国经济出现了空前的繁荣，随之而来的则是竞争的加剧。到了 70 年代，国际上政治、经济又出现了动荡，企业生存和发展越来越艰难。在这种新的竞争环境下，企业深切地感到，以前那种低价格必胜的原则必须改变了，它已经不适应新情况的发展了。要获得持续的生存和发展，企业必须从战略的高度思考问题。随着部分企业多角化经营的成功（产品多样化、市场多样化、投资区域多样化等），一些企业家认为应该走向多角化经营这样的"战略之路"以保护自己。但是，到了 80 年代，"软化热""优势热"导致"战略热"降温，加之分析性战略方法使一些企业陷入财务型经营，部分企业战略应用不当导致失败等原因，战略管理理论一度受到冷落。然而，到了 90 年代，人们又开始反思战略管理理论，因为他们发现许多企业 7 到 8 年就倒闭了，许多产业都成了短命产业。追其缘由，短命的根源在于缺乏战略管理，缺少长远发展的战略规划。

战略管理理论的主要观点有安索夫的资源配置战略理论观点、波特的竞争战略观点、安德鲁斯的目标战略理论观点。

安索夫是美国国际大学的特级教授、著名的战略管理学专家，担任过美国洛克希德公司的副总裁，1963 年离开实业界进入学术界。由于他的成果显著，因此他曾获得"公司战略之父"的美誉。其核心理论是以环境、战略、组织这三种因素作为支柱，构建战略管理理论的基本框架。

迈克尔·波特是美国哈佛大学商学院的教授，是目前世界上关于竞争战略的最高权威。同时，他还是许多一流公司、跨国企业的竞争战略顾问。他认为，战略说到底就是在寻找高于平均的报酬。那么如何寻找这种报酬呢？通过竞争战略达到目的。波特的著作《竞争策略》《竞争优势》和《国家竞争优势》被称为竞争优势三部曲。波特认为，企业在竞争中要考虑的因素不外乎 5 种力量，均应该重点研究：（1）新竞争者的加入（当有新人加入时，企业要做出竞争性反应，因为市场的利润蛋糕将被瓜分）。（2）代用品的威胁。（3）买方讨价还价的力量（利润的升降）。（4）供应商讨价还价的力量（影响成本利润）。（5）现有竞争者的对抗力（营销、广告等策略）。这 5 种力量的合力就是企业的竞争能力和赚钱能力。波特关于竞争战略要考虑的 5 种力量具有非常重要的影响。哈佛大学的一位教授曾说过，世界上几乎每一位 MBA 毕业生都记住了波特的 5 种力量。

安德鲁斯则认为，目标是第一位的，企业的目标几乎决定了一切。

2.7.2　战略管理理论与图书出版

落后于企业实践的大学出版社处在一个变革迅速的环境中，竞争日趋自由化，行业内部的改革力度不断加大。肩负着知识传播与创新、文化传承与积累重任的大学出版社还要承担来自社会的压力，发展经营必须兼顾道德、环保、社会责任等要素。大学出版社内部员工越来越关注自身的福利与安全，参与出版社经营管理的愿望也日益强烈，对公司不断创新及改善组织绩效的期望也越来越高。因此，企业战略管理对于大学出版社发展的重要性和必要性凸显。企业竞争实践中，成功的案例充分显示了战略管理的强大作用。在企业集团化发展的过程中，由于规模的扩大、内部的管理层级不断增加，管理幅度也越来越大。组织资源的统筹和管理调配，已经不是以往经营管理技术所能够满足的，而需要一种新的技术方法来统筹管理企业的内部资源以适应外部环境的变化。我国大型出版集团特别是大学出版集团的出现与发展，以及出版集团走向国际化、全球化的迫切要求，为企业战略管理提供了新的历史舞台。

2.8　核心竞争力理论

2.8.1　核心竞争力理论的内涵

核心竞争力（Core Competence），又称核心能力，是美国密歇根大学商学院教授普拉哈拉德（C. K. Prahalad）和伦敦商学院教授加里·哈默尔（Gary Hamel）在发表于 1990 年《哈佛商业评论》上的《公司核心竞争力》（The Core Competence of the Corporation）一文中首次提出的。作者在文中提出，核心竞争力是组织中的集体性能力，尤其是那些协调不同的生产技能和整合各种技术流派的能力，它集合了沟通能力、参与能力及跨组之间合作时的契约关系；核心竞争力不但不会随着使用而减弱，而且它会随着每一次应用得到提升。核心竞争力理论的提出在企业界刮起了一场"竞争管理"的风暴。在该理论中，"竞争力"表现为独特性、持续性、创新性、延伸性、不可模仿性等优势特征，被企业奉为竞争管理制胜的利器。

从理论上讲，核心竞争力是一个综合性概念，它是一种在管理学中融入经济学和金融学的市场管理理论，是战略论、组织论、资源论和能力论的集合体，其中广泛涉及企业资源基础理论、企业能力理论、组织理论、战略管理理论等相关理论的内容。但是核心竞争力并不止于理论高度上，它更大的意义在于其长期建构的动态过程。一个具有较强竞争力的组织并不一定就具备核心竞争力，只有它具备的这种竞争优势是长期的、持续的，并且具有不断创新的能力和新的延伸空间，才能使企业或组织始终保持其在行业领先地位的核心竞争力。

2.8.2 核心竞争力理论与图书出版

从核心竞争力的内涵来看，它有三个关键因素：（1）产品，以及其延伸"品牌"；（2）市场，即营销渠道；（3）团队，即人才等智力因素。产品是企业核心竞争力得以建立的基础，只有为用户提供具有根本性价值的产品才有竞争力可言，只有具备一定"品牌"的产品才可能具有长久的生命力，只有通过市场（营销渠道）企业核心竞争力才得以实现，当然只有通过以上这些团队的智慧和力量才可以实现，人才是核心竞争力的精神内核。

如此，如何建构我国大学出版社的核心竞争力，思路就很清晰了：第一，出好书，打造图书品牌；第二，建立人才库，从作者、编辑到营销人员，打造一个团队品牌；第三，建设渠道品牌，目标明确、反应敏捷、动作快速地抢占进而站稳图书市场。这三个方面是大学出版社核心竞争力建设的重要内容和关键环节，目前我国大学出版社在这些方面的发展取得了一定的成就，但是远远还未达到把其建设为自己的核心竞争力的水平，甚至有些大学出版社还没有建设自身核心竞争力的意识。

第3章

国外大学出版社差异化发展的实践比较

综观当今世界一流大学出版社，它们虽然都具有一些共同的基本特征，如拥有专业的编辑出版人才、丰富的出版资源、母体大学的支持等，但世界一流大学出版社是一个比较性的概念，大家公认的世界一流大学出版社并不都是按照一种模式发展起来的，而是经历了多样化、个性化的发展历程。它们各具特色、各有差异，越是著名的大学出版社，越有自己的特色，注重以多样性、差异性参与竞争，以差异化求发展。哈佛大学出版社在人文、社科及科学领域居于全球领先地位，是具有很高学术声誉的出版社；剑桥大学出版社每年发行 2000 余种图书、近 200 种期刊，发行遍及世界 200 多个国家和地区，为世界最大的学术与教育出版机构之一；牛津大学出版社以其出版物涉猎的范围广泛而著称，其中包括各个学术领域的著作、教科书，以及英语教学专书、工商管理著述、《圣经》、音乐、儿童书籍、词典、工具书、期刊等。考察美、日的大学出版社可以发现，任何一所大学出版社的发展实践都是一个独特的案例，它们选择的发展模式和发展战略都是其他大学出版社不可复制的，它们之间的差异化发展经验都是各具特色的。

3.1　美国大学出版社差异化发展的实践①

3.1.1　美国大学出版社简介

美国大学出版社诞生的里程碑事件可追溯至康奈尔大学出版社和约翰·霍普金斯大学出版社的成立。康奈尔大学出版社成立于 1869 年，是美国第一所大学出版社，但它于 1884 年关闭，至 1930 年才重新开

---

① 王雅菲. 美国大学出版社的发展启示［J］. 环球出版，2016（2）.

张。因此，美国真正持续存在的第一所大学出版社应该是成立于 1878 年的约翰·霍普金斯大学出版社。约翰·霍普金斯大学的创办者丹尼尔·吉尔曼认识到出版对于大学的重要意义，他于创校两年后就组建了大学出版社，并提出了一个在当时全新且意义深远的理念："大学最高尚的职责之一就是推进知识发展，不仅将知识在那些可以每天聆听讲座的人中间传播，还要在更远更广范围的民众中间传播。"这句话明确地阐释了美国大学及大学出版社的价值和任务，至今仍被奉为美国现代研究型大学的中心职责和大学出版社存在的主要目的。现代意义上的美国大学出版社在 19 世纪后期才真正兴起，它们的兴起离不开大学和学术圈的发展。其一，《莫里尔法案》颁布后，美国新建的赠地学院就多达 60 余所，大学数量剧增是大学出版社兴起的必要条件；其二，美国大学仿效德国重视学术研究的模式，学术需求增加是大学出版社建立的根本原因；其三，学术著作的出版和传播除了是大学的高尚职责，也被视为提高学校声誉最有效的方式；其四，图书馆对学术书籍的需求推动出版社发展，而已有的商业出版社难以应对如此大量的学术出版，客观上需要大学出版社承担学术出版的主要职责。美国大学出版社被视为传播大学研究成果的必要工具，所以在建立之初，它们不仅被投以可观的津贴资助，而且被定位为服务学术和公益的非营利机构，无须纳税。

3.1.2　美国大学出版社的发展实践

美国大学出版社被政府定位为"非营利机构"，其专注学术出版的定位十分明确。相较于我国大学出版社的体量，美国大学出版社基本都属于中小型出版机构。专注学术出版、不作为"营利机构"的本质，直接限制了其人才和图书品种的延展。美国大学出版社的年出版品种仅占全国的 6%~7%，销售码洋占比更低，大约是 1.5%。但因其在学术出版结构层面的专一性，所以在学术圈中具有无可比拟的地位。大量诺贝尔奖及其他国际奖项获得者的重要书稿都选择在大学出版社出版，甚至许多学者教授自愿降低稿酬，就是要把书稿交给心仪的大学出版社出版。对于大多数美国大学出版社来说，学术出版就是它们的全部，很少出版教材。一是因为前期投入太多，二是因为它们认为教材的学术含量不高，不符合学术出版的定位。虽然为了增加经营收益，支持学术出版，部分大学出版社开辟了教材和大众图书市场，但整体来看只有一小部分。如耶鲁大学出版社在强化学术出版的同时，坚持每年出版约 80 种优质大众图书，在大众图书市场已具备一定的竞争力；普林斯顿大学出版社也开拓了教材出版，但仅限于研究生的教材，占出版社所有图书种类的 10%~12%；约翰·霍普金斯大学出版社年出版新书 200 余种，在印图书 4536 种；加州大学出版社年出版新书 200 种，在印图书 4729 种；而普渡大学出版社、北伊利诺伊大学出版社、田纳西大学出版社等年出版图书均不超过 50 本[①]。

20 世纪 40 年代中后期，美国大学出版社还经历了一场有关存在意义的大讨论。事件起因是哈佛大学出版社因亏损，以及与大学管理层的嫌隙而险被关闭。为了劝说哈佛校长保留出版社，也为了向公众普及大学出版社的功能和意义，多位学者发起了一场为大学出版社正名的运动。这场讨论中最著名的宣言要属《大学出版社是否应该存在》。这份报告指出：大学存在的目的是进行教学和科研活动，是创造、保存及传授知识。大学需要亲自进行出版活动，因为它在学术出版领域具有得天独厚的优势——学者资源、学术质量保障、图书馆需求、教学材料需求——这些条件是任何商业出版社无法比拟的。至于盈利问题，报告认为，大学出版社虽是以学术传播为己任的非营利性机构，但其服务不是无偿的，大学出版社有权因其服务而获得收益并利用这些收益进一步提升其服务的价值，政府和大学自然也应该对大学出版社进行扶持。经过这次讨论，美国大学出版社存在的必要性得到确立，其价值得到了公众的认可，此后美国大学出版社的发展进入了鼎盛期。

20 世纪 50 年代是美国大学出版社的黄金发展期，这一时期的大发展是内外因共同作用的结果。其内因之一是职业培养和制度管理的完善。从 20 世纪 50 年代开始，大学出版社为学生提供实习和培训项目，美国大学出版社协会（AAUP）设立的各种教育项目为大学出版社的职业化和专业化发展提供了有力的支撑。此外，AAUP 还增设了由教授组成的编辑委员会对书稿进行学术把关，同行评议和专家外审制度得以逐

---

① Association of Presses. The Association of American University Presses Directory 2016 ［M］. University of Chicago Press，2016.

步普及和完善，大学出版社的权威性得以树立。更重要的原因是高校学术需求的增加。早在 1901 年，耶鲁大学就要求教员的晋升按其学术产出而定。到 40 年代，绝大多数大学都已将论文发表或专著出版作为学生毕业和教师职称评定的依据。而随着同行评议制度的普及与完善，从 50 年代起，学术出版成了获得教职晋升、学术声誉、物质奖励甚至在学术界的终身保障的必备条件，以至于有了"不出版就死亡（publish or perish）"这句口号。

特殊的政治格局则构成了美国大学出版社兴盛的直接原因。美苏太空竞争刺激了美国对科技和教育的重视，进而惠及学术出版。1958 年美国《国防教育法》颁布后，政府为各级教育机构提供全面的经费援助，前所未有的充足资金流入高等学府，用以满足教学、研究、出版需要及兴建图书馆。同时，还有国民经济军事化、国家垄断资本主义投资增长和第三次科技革命带来的深刻影响。

20 世纪 60 年代是美国经济空前发展的时期，人均收入增加，被称为"繁荣的十年"，这为教育和学术的高峰创造了稳定的社会环境和经济支持。由此，20 世纪六七十年代成了美国大学出版社历史上绝无仅有的"黄金时代"，新建的出版社数量激增。1969 年，第一份关于学术出版的期刊《学术出版》（*Journal of Scholarly Publishing*）问世，它象征着学术出版作为一个行业和学科，有了自身的学科根据和研究方法。

但是 20 世纪 70 年代以后，美国大学出版社开始出现衰落，这主要有三个方面的因素：第一，从外因上来讲，越南战争使得美国的注意力发生了转移，高等院校及图书馆经费日益紧缩，导致大学出版社陷入销售困境；第二，从内因上来讲，缺少经济力量的大学出版社难以践行文化使命；第三，从大学层面来讲，大学出版社由于对本校教员的学术出版作用减弱而失去了本校的支持，逐渐被边缘化。大学纷纷减少了对其出版社的资助，一些财力较弱的大学选择出售或关闭出版社。面对困境，美国大学出版社采取了各种对策，具体策略如下：第一，重出经典著作，推出优秀学术新作；第二，拓展领域，面向大众市场，出版高质量文学作品和地方特色书籍；第三，同时出版精装书和平装书，减少在订购、宣传上的重复浪费；第四，建立区域大学出版社联盟，合并生产、印刷和营销以节省开支；第五，专设学术出版捐赠基金，寻找新赞助，筹款募资成为大学出版社社长的必备技能。资金短缺、经营困难自70 年代以来就困扰着美国大学出版社的发展。1977 年，全美大学出版社的平均亏损为销售额的 11%，小型大学出版社亏损尤为严重，平均亏损达到纯销售额的 75%，少数就此歇业。这一情形即使在经济情势略有缓和的新千年也没有得到改观。2008 年，美国大学出版社中，预算出现赤字的比例高达 70%，22% 的大学出版社经费基本持平，只有 8% 的大学出版社能够盈利。可见，获得资金以保障可持续发展仍是大学出版社现今的重要任务。

进入 21 世纪，电脑和网络带来的数字革命给全世界各个行业都带来了冲击，依赖于纸质媒介的出版业首当其冲。尚未完全脱离财政困境的大学出版社又面临着巨大的机遇和挑战：电子出版、网络出版、开放获取出版成为新的生长点。美国大学出版社的电子出版是在 10 余年间发展起来的。1995 年，弗吉尼亚大学出版社推出了大学出版社的第一本网络图书。相比图书阅读周期较长的特点，学术期刊需要把最新的学术成果尽快推向读者，与电子出版形态相得益彰，所以此时电子期刊发展更加迅速。约翰·霍普金斯大学的"缪斯计划"（Project Muse）就是当时创立的人文学术期刊集合，现已成为美国影响力最大的电子出版项目之一。2007 年，约 78% 的美国大学出版社都出版电子期刊，这证明以电子形式出版学术期刊已经成为大学出版社的常态。

当然，电子出版不仅是出版物形态上的变化，它带来的实质变革是通过网络传播实现的。大学出版社不仅要完成内容的数字化，实现订货、营销的网络化，更要适应内容的网络平台分享和传播。网络出版技术在 20 世纪 90 年代中期已经成熟。当时的先驱 Net Library 公司呼吁大学出版社将学术出版物和库存书目分享到公司平台，但应者寥寥。然而几年内，网络出版便显示出无法匹敌的优势：生产流程精简高效，服务高度自动化，出版成本较低，传播迅速，覆盖面广。1999 年 Net Library 的出版项目已经吸引了 40 多家出版社，其中包含许多大学出版社。之后，不少商业实体如谷歌也参与到学术出版中来。与谷歌合作的大学出版社意识到，通过开放引擎的搜索，出版社的知名度提高了，学术图书的销量不减反增。此后，传统的学术传播方式不断被挑战，大学的网络出版模式不断被刷新。

　　网络出版在近 10 年演变为全球范围的开放出版运动，这对大学出版社也是一个极大的挑战。开放获取出版的特点在于资源的数字化、在线传播及赋予读者宽泛的使用权限。相比传统出版，开放出版允许各种搜索引擎全文检索甚至免费获取学术出版物，这极大地促进了学术成果在世界范围内的传播，造福了读者和作者，具有极高的公益价值。当然，在开放网络环境里，许多问题如正当使用、知识产权等都必须被重新审视。总的来看，开放出版已成为学术传播的大势所趋。2013 年，35% 的 AAUP 成员支持网上全文免费开放，还有越来越多的大学出版社致力于将全部学术成果免费开放给公众，开放出版已经改变了传统的学术传播模式和结构。在新形势下，大学出版社很难靠一己之力面对经济和技术的双重挑战。于是美国大学出版社开始了与各种机构的合作，其中最主要的有：其一，与同校图书馆合作。大学出版社与同校图书馆合作是双赢的选择。一方面，图书馆在信息技术、数字平台、机构数据库、行政资源等方面为大学出版社提供支持；另一方面，大学出版社则为图书馆进军学术出版领域提供优秀的作品资源、熟悉出版市场运作规律的专业编辑人才等。几乎所有的美国大学出版社都与本校图书馆有着项目性合作，不少大学已将出版社隶属于学校图书馆，两者还将有更深层的结构性整合。其二，与亚马逊、YouTube 等网商和社交媒体合作。许多大学出版社与亚马逊、谷歌及 Book Mobile 展开合作，将库存书目全部转为电子版本，支持谷歌图书搜索引擎的全文检索，并通过亚马逊和 Book Mobile 提供按需印刷（POD）服务。到 2013 年，89% 的美国大学出版社的库存书目都提供按需印刷或短期数字印刷服务。还有越来越多的大学出版社使用 YouTube 等视频网站、社交媒体作为学术出版物的营销平台。与多元媒介的合作进一步打开了大学出版社的推广门路。

　　当前美国大学出版社面临两大发展难题：第一，大学出版社作为一个出版机构，除了依靠"传播学术，服务公益"的使命感，归根结底是需要资金运作的，部分大学出版社仍在为收支平衡而挣扎；第二，新兴网络传播促成的开放出版，是大学出版社面临的重大挑战。

3.2　日本大学出版社差异化发展的实践①

3.2.1　日本大学出版社简介

无论在亚洲的大学出版社中，还是在全球的大学出版社中，日本大学出版社的历史都是很长的。目前，日本约有四年制大学 750 余家，其中拥有大学出版社的 70 余家，即只有不到 10% 的大学拥有自己的出版社。就规模而言，在日本大学出版部协会加盟社的全部 32 家出版社中，员工人数超过 10 人的仅 10 家。其中，规模最大的是庆应义塾大学出版会，拥有 50 余名员工，每年出版新书 150 余种。规模最小的要算武藏野美术大学出版局，仅有 1 名员工，每年出版新书不到 3 种。事实上，日本绝大多数的大学出版社，其员工人数也都只有 3~4 人。

就性质而言，日本大学出版社可分为三类。第一类是学校法人，以东京外国语大学出版社、东京电机大学出版社等为代表。在学校法人的旗号下，出版社是学校的下属事业单位，其经费开支来自学校，而其收益同样都归属于学校。第二类是财团法人，以东京大学出版社、法政大学出版社为代表。财团法人性质的出版社名义上仍为学校下属事业单位，但在经费来源与收益核算上却是自负盈亏，与学校进行了部分切割。第三类是株式会社，以武藏野美术大学出版社、庆应义塾大学出版社为代表。株式会社标志着出版社的资产已经股份化、社会化了。此类大学出版社在经营上已是彻底独立于学校了。

长期以来，日本的大学出版社与商业出版社所奉行的"追求利润为目的的出版"不同，并"不以收益为目的"。日本的大学出版社各自不同的性质造就了各自不同的经营模式。在自负盈亏的"东京大学模式"下，出版社的整体图书策划立项由学校层面的策划委员会负责，而出版社主要负责图书的出版与销售，因为东京大学所出版的学术图书的再版率高达 50%，保证了出版社的整体收益。完全依靠学校行政补贴的"东京外国语大学模式"将出版社作为"学术研究事业的支柱"，大学方面每年提供 800 万日元经费资助其运营。由作者资助或资金补贴的

---

① 田雁．日本大学出版社：现状、挑战与应对 [J]．现代出版，2015（1）．

"东北大学模式"采用了学术图书初版时一律不付稿费，由作者自行买断图书的自费出版方式。

此外，还有通过多种经营补贴出版的"武藏野美术大学模式"。作为一家在 1987 年就已经股份化了的大学出版社，从 2002 年起，该社专心打造美术及建筑类教材并获得成功。与此同时，出版社展开多种经营，到 2012 年，其房地产及停车位的出租收入已达出版社总收入的 1/3。如今，这家只有 3 名正式员工的小出版社，每年的纯利润超过了 7000 万日元。不过，就日本大学出版社的属性分析，即便是已经公司化了的庆应义塾大学出版会、武藏野美术大学出版局，也因被大学方面控股，其经营方向依然是服务于学校的教学及研究。

3.2.2　日本大学出版社发展实践[①]

日本大学出版社的发展，从 1886 年到现在经历了初创、重建、发展 3 个不同时期，其出版内容从最初的教材，渐次扩展为兼有教材、学术、教养图书在内的三大主题出版。进入 21 世纪以来，日本大学出版社急速发展，目前，日本 70 余家大学出版社中有近 1/3 成立于 21 世纪的前 10 年，但与此同时日本图书出版业却出现了整体衰退，图书销售额连续 8 年下滑。在 2011 年北京国际图书博览会上，代表 30 多所日本大学出版社的日本大学出版部协会，其参展的摊位不过四五平方米，参展的样书不过 120 多种，除了学术书，既没有教科书和教学辅导书，也没有辞书和字典书，出现了历年来最惨淡的情形。和日本大学的信息不怎么公开一样，日本大学出版的信息也是不怎么公开的。但是，大学出版社只要出书，就会编目录，就会卖书。所以，仅从近些年编辑的新书目录和发行的新书数量来分析，大致就可以做出日本大学出版社正在陷入泥潭的基本判断。2011 年，日本大学出版部协会出版了《大学出版部协会综合图书目录 2011》（以下简称《目录 2011》）。其中，收录了作为协会成员单位的 32 所大学 2009 年及 2010 年的图书出版目录和品种数量。

从《目录 2011》看，日本大学出版社持续萎靡不振。在 32 所大学

---

① 甄西 . 日本大学出版浅析（上），出版参考，2011（22）.

中，2010 年，出版图书 100 种左右的有东京大学出版会；出版图书 90 种左右的有庆应义塾大学出版会；出版图书 50 种左右的有法政大学出版局、京都大学学术出版会和东京电机大学出版局；而其他 27 所大学出版图书从 30 多种到 0 种。其中，2010 年出版 5 种到 1 种的，有武藏野美术大学出版局、明星大学出版部、流通经济大学出版会、圣学院大学出版会、三重大学出版会、大正大学出版会和大阪经济法科大学出版部等。大阪经济法科大学出版部 2009 年出版图书品种为 3 种，2010 年出版图书品种数为 1 种。东京农工大学出版会 2009 年出版图书品种数为 1 种，2010 年出版图书品种数为 0 种。圣德大学出版会和剑桥大学（该大学与英国剑桥大学无任何关系，只是名称相同而已——作者注）出版部，2009 年出版图书品种数均为 0 种，2010 年出版图书品种数继续为 0 种。这两家出版社被日本大学出版人自嘲为"大学出版社零出版两连冠"。长此以往，不出书的大学出版社会越来越多，"大学出版部协会"是不是将变成"大学'不'出版部协会"呢？从《目录 2011》看，在 32 所大学中，2010 年与 2009 年相比，出版图书品种增加的有 13 所；出版图书品种减少的有 19 所，后者包括出版图书品种排名前五、在日本大学出版中还算"抢眼"的东京大学出版会、庆应义塾大学出版会、法政大学出版局、京都大学学术出版会和东京电机大学出版局。新书出版非正常减少，这是十分少见的。2010 年，日本"大牌出版三社"的讲谈社出版图书近 2000 种，小学馆出版图书近 1000 种，集英社出版图书近 800 种。同样在 2010 年，作为日本大学出版"标杆"的东京大学出版会，实际出版图书不过 117 种；作为日本大学出版"老前辈"的京都大学学术出版会，出版图书 54 种，比东京大学出版会的一半还少。另外，不是大学出版部协会成员的早稻田大学出版会，据悉2010 年出版的图书也在 100 种上下，且与 2009 年相比亦是减少。虽然数量不等于质量，但数量与规模是有联系的。东京大学出版会、京都大学学术出版会及早稻田大学出版会的新书出版数量，也从一个侧面表明，日本大学出版的市场规模明显缩小。2011 年 10 月，英国《泰晤士报》公布了 2010 年至 2011 年全球大学排行榜。在亚洲，中国的北京大学排在第 49 位，清华大学排在第 71 位，台湾大学排在第 154 位；以色列的耶路撒冷希伯来大学排在第 121 位，特拉维夫大学排在第 166 位；

日本的京都大学和早稻田大学都进入前200位，而东京大学更是排第30位，成为全亚洲名副其实的"第一校"。然而，曾因为出版面向西方国家的各种欧洲语言版学术书被日本大学出版界誉为"第一社"的东京大学出版会，由于效益连年下滑，入不敷出，不得不在2009年终止了这方面的出版业务。2010年，日本大学出版的销售收入大致为25亿日元，与十几年前的40亿日元相比，减少约15亿日元。由此发展下去，本来就不处在核心位置的日本大学出版社，有可能进一步边缘化。《目录2011》尽管不是日本大学出版的全貌，但32所大学遍布日本各地，32家大学出版社应当具有典型性、代表性和普遍性。有关专家无不悲观地指出，日本大学出版在过去想的是如何做大，如何做强；在目前则想的是如何不再变小，如何不最终消失。

3.3 美国、日本大学出版社办社经验对中国大学出版社发展的启示

3.3.1 美国大学出版社办社经验对中国大学出版社发展的启示

首先，重视学术出版。大学出版社最重要的价值还是在学术出版领域，美国大学出版社即使在资金困难时期也坚持以学术出版为主，其精神可喜。其次，完善学术评价制度。规范的学术评议制度能极大地提高学术产出的数量和质量，巩固大学出版社的权威性。最后，尝试和探索开放获取出版。中国学术出版界应转变观念，认识到开放出版的意义和学术传播的走向，与同校图书馆、多元媒介合作，尝试开发新的出版资源，探索新的出版项目和模式。大学出版社也应该看到开放出版对学术传播和公众求知的非凡意义，推行开放获取出版，将知识散布到最广泛的人群中去。

3.3.2 日本大学出版社办社经验对中国大学出版社发展的启示

日本的大学出版社在坚守学术出版、确保图书学术质量及应对数字化出版等方面的行事与对策，要领先于中国的大学出版社，值得我们去比较、思考和借鉴。首先，日本的大学出版社在坚守学术出版方面也是

有代价的。除极少数出版社外，日本大学出版社主要还是从事"学术书、教科书、教养书"的主题出版，并不涉足文学或者其他商业性的出版，由此就限制了自身发展，造成了众多大学出版社小规模经营的现实。另外，少子化背景下学生人数的减少，经济不景气下政府学术资助的减少，都已成为日本大学出版社坚守学术出版之路时不容回避的现实。而经过企业化转型的中国大学出版社如今都已走上多元化的出版之路。然而，究竟是孤独的学术出版之路还是多元化的出版之路更具有持久性？这需要在今后的发展中予以验证。其次，日本的大学出版社在确保图书学术质量方面的相关对策是卓有成效的，各学科资深教授参与组成的出版学术委员会或编辑委员会及学校层面的"学术图书出版助成"都有助于遴选校内具有出版价值的学术资源。而目前中国的大学出版社很少设有类似的出版学术委员会或是编辑委员会。从确保图书的学术质量及有效利用校内学术资源的角度考虑，这些举措不仅有助于出版社学术声誉的提高，而且是切实可行的。最后，日本的大学出版社在数字化出版上付出的努力是其之所以能可持续发展的亮点所在。无论是数字化过程中的 OCLC-Net library 模式或是 OA 与 POD 协同项目，还是流通过程中出版社—图书馆绑定式的销售模式，以及利用手持终端对考试习题集和其他学习参考资料的推销方式，都是非常具有日本特色的创新型举措。目前，中国绝大多数的大学出版社对数字化传播方式的理解仅仅局限在网络销售，只有极少数大学出版社能从传播方式和运行模式的创新高度加以理解。

第4章

我国大学出版社差异化发展的
现状分析

4.1　我国大学出版社差异化发展的状况分析

4.1.1　地区分布情况

我国大学出版社主要指的是由大学主办、教育部或者各地教育行政部门主管的图书出版机构。我国大学出版社拥有自己的行业组织——中国大学出版社协会。该协会成立 30 多年来，开展了大量细致的工作，目前共有会员单位 114 家，形成了完整的行业组织。"大学出版"在出版界已经形成了相对完整的概念认知。我国大学出版社的分布具有东部及发达地区多（例如江苏有 7 家大学出版社）、西部及欠发达地区少的特点。以 2014 年为例，北京有 25 家大学出版社，位居第一；有 10 个省（区）只有 1 家大学出版社，如云南；而宁夏、西藏、青海、山西、海南目前尚无大学出版社（见表 4-1）。

表 4-1　2014 年中国大学出版社地区分布情况

地区	数量（家）	地区	数量（家）	地区	数量（家）
北京	25	辽宁	6	福建	1
天津	2	吉林	3	山东	3
上海	13	黑龙江	4	河南	2
重庆	2	江苏	7	湖北	5
河北	1	浙江	3	湖南	5
内蒙古	1	安徽	4	广东	4

地区	数量（家）	地区	数量（家）	地区	数量（家）
广西	1	贵州	1	甘肃	1
江西	1	四川	1	新疆	1
云南	1	陕西	7		

资料来源：李辉：《中国大学出版产业发展阶段划分及现状分析》，《科技与出版》，2012 年第 1 期。

4.1.2　总体发展情况

根据中国版本图书馆信息采集数据，截至 2017 年年底，全国共有出版社 594 家（含副牌社），其中大学出版社占比将近 20%。大学出版社从业人员 1.5 万人左右，占全国图书出版从业人员的将近 25%。大学出社年度出版品种约占全国出版总品种的 30% 以上，其中新书占比 23% 左右，重印和再版占比超过 40%。大学出版社年度图书销售码洋 400 亿元左右，占全国图书出版社销售码洋的将近 45%，其中销售收入过亿元的大学出版社有 30 余家。同时，一大批大学出版机构在国家各级各类出版奖项中也获得了良好的社会效益，在全球文化传播中形成了品牌效应，得到了广大读者的认可和赞誉。表 4-2 是我国部分大学出版社目前的发展状况。

表 4-2　我国部分大学出版社发展情况

序号	出版社及成立时间	经营现状	出版社组成单位	特色
1	清华大学出版社（1980）	2018 年出版图书、音像、电子出版物已达 8000 余种（含重印书），发货码洋超 16 亿元，销售规模和综合实力，以及在高等教育教材市场、科技图书市场、馆配图书市场占有率方面均名列前茅	8 个分社和期刊中心、学术出版中心	计算机教材、经管和人文社科类图书、学术著作、学术期刊群
2	中国人民大学出版社（1955）	2018 年，出版图书 3000 余种，发行码洋近 10 亿元	11 个分社、2 个出版中心	高等学校文科教材、学术专著

续表

序号	出版社及成立时间	经营现状	出版社组成单位	特色
3	北京大学出版社（1979）	目前，年出版新书约1300种，重印书2700余种次。已出版100多个系列3000多种各类大中专教材。2018年发行码洋8亿元左右	4个事业部、2个子公司	主要是人文社科图书。现有产品中，教材占45%，学术图书占40%，一般图书占15%
4	广西师范大学出版社（1986）	2018年共出版图书3520种，发行码洋14.09亿元，销售收入8.82亿元	10家全资公司、4家控股公司和2家参股公司	大中专教材、学术专著、人文出版
5	北京师范大学出版社（1980）	共出版万余种图书，发行量达15亿册，出口图书近千种。2017年，生产总值达24.42亿元，收入总额11.98亿元，利润总额1.78亿元	职业教育、基础教育、高等教育、少儿教育四大分社	学前教育、基础教育、职业教育、高等教育和教师教育教材，另外重点发展教育科学（含心理科学）、人文科学的学术著作
6	外语教学与研究出版社（1979）	40多种语言出版，每年出版5000多种图书，在企业综合实力、销售码洋、年利润和总资产等方面均稳居国内出版界前三。2018年码洋为20亿元	11个出版分社、13个独立法人单位、16个地方信息中心	外语出版，已形成大、中、小、幼学段全线出版，教、学、测、评、研综合发展，教材出版、学术出版、文化出版、大众出版、辞书出版齐头并行
7	南京大学出版社（1984）	2015年销售码洋3.63亿元，此后销售码洋年均增长持续保持在15%以上，其中，教材、学术专著占60%以上。2018年发行码洋为6亿元	下设学术·大众图书中心、大学教材中心、基础教育图书中心、少儿图书中心、数字出版中心、南京大学出版社·上海分社	人文社科、学术专著出版

序号	出版社及成立时间	经营现状	出版社组成单位	特色
8	南京师范大学出版社（1995）	2014 年码洋为 3.2 亿元	3 个分社、5 个研发部、1 个事业部及销售部、书稿运作部、专销部、网销部、数字部等	幼儿教育、基础教育、高等教育及艺术、人文社科、学术专著
9	浙江大学出版社（1984）	年出版新书 1500 种以上，2013 年码洋为 4.2245 亿元	7 个事业部、2 个分社及 1 个数字出版中心	理工农医和人文社科出版，学术专著
10	上海交通大学出版社（1983）	2015 年销售码洋为 6 亿元	12 个事业部、1 个期刊中心	科学人文、理工医学术专著、外语类图书、古籍整理出版
11	复旦大学出版社（1981）	2014 年销售码洋超 4.5 亿元，在中国大学图书出版单位总体经济规模综合排序位列第八	4 个分社、4 个编辑部、6 个全资子公司	教材、学术专著、人文社科类图书
12	苏州大学出版社（1992）	2018 年出版图书约 400 种，销售码洋约 1 亿元	4 个图书编辑部	职业教育教材、音乐类教材、学术著作及地方文化出版
13	华东师范大学出版社（1957）	2018 年出版图书（含重印）5378 种，其中新版 1230 种，再版 200 种，重印 3948 次，回款码洋 12.42 亿	9 个分社、4 个事业部、1 个项目部、1 个出版部，以及多家子公司	教材、学术著作、社会读物

资料来源：表中内容均来自各家出版社官网和网上能够搜索到的出版社资料。

4.1.3　大学出版社选题情况

中国版本图书馆和北京师范大学出版科学研究院联合监测分析得出的《大学出版图书选题结构分析报告（2015—2017）》显示，近 3 年来，我国大学出版社的年选题总量维持在 7 万种左右，呈波动上涨趋势，但是涨幅低于全国整体情况。大多数大学出版社的选题集中在300~600 种，其中清华大学出版社、吉林大学出版社 3 年选题总量均超过 7400 种。从细分市场来看,文教类图书的选题规模最大,占比三成多;工业技术类和经济类其次,占比均为一成多;语言文字类和文学类第三,占比均不足一成。这 5 类选题结构规模连续 3 年基本保持稳定,如图 4-1 所示。

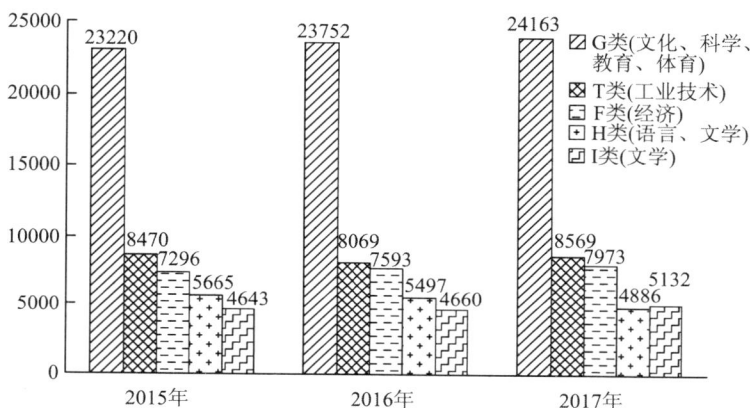

图 4-1　我国大学出版社学科类别选题规模分布

资料来源:中国版本图书馆和北京师范大学出版科学研究院《大学出版图书选题结构分析报告(2015—2017)》

其中,工业类选题排名前 2 的出版社是延边大学出版社、武汉大学出版社,工业技术类选题排名第 1、第 3 位的分别是清华大学出版社、华中科技大学出版社,经济类选题排名前 2 位的为清华大学出版社、中国人民大学出版社,语言文字类选题排名第 1、第 3 位的分别为外语教学与研究出版社、北京语言大学出版社,文学类选题排名前 3 位的为南京大学出版社、广西师范大学出版社、清华大学出版社。从选题占比来看,大学出版社选题高度集中在教材教辅类板块,3 年选题共 100571 种,占大学出版社选题总量的 48.16%。其中,中小学教材教辅在所有图书出版品种中占比近两成,高等教育教材教辅占比一成多,中高职教材教辅占比将近一成。这充分说明了教材教辅出版依然是大学出版社最为重要的板块。对教材教辅出版的高度依赖,使得大学出版社的整体市场受教育政策、出版政策影响更加明显。报告还显示,近年来,教师用书呈现出明显的上升趋势。这与国家注重教师培训和教师素养提升相应,教师教育类选题市场潜力值得期待。中高职教材教辅和普通考试用书连续下降明显，这与在线教育、线上课程增多有关。除了教材教辅类，各家出版社医学类学术书、人文社科类图书、少儿类图书数量明显增加，这说明大学出版社已经在有意识地尝试新板块。不过，从反馈来看，这些新板块目前的经济效益仍不容乐观。

从选题分析可以看出，大多数大学出版社的选题分布都较为集中。这就意味着，只有专注于打造特色，才能在竞争中脱颖而出。以浙江大学出版社为例，浙江大学出版社制订了详细的产品线建设规划。浙江大学出版社突出主业，凝练专业方向，构建"专业分工—专业人才—专业方向—产品线"专业化发展模式，关键一点就是落实产品线建设。在"十三五"规划中，浙江大学出版社将完成"中国历代绘画大系"出版工程，形成2~3个高端艺术、学术出版和服务品牌方向，形成3~4条学术品牌产品线，2~3条教材、教学服务品牌产品线，1~2条青少出版、教育服务品牌产品线，1~2条大众文化出版、文创品牌产品线，形成15条左右社级重点产品线。产品线的设计让浙江大学出版社得以集中力量办大事，形成自身的品牌特色。再以厦门大学出版社为例。法学专业看上去仅仅是一个专业，但在其二级学科中至少可以分出宪法、法理学、民法、刑法、行政法等20多个学科。厦门大学出版社的优势编辑室——法律编辑室从一开始就自觉地将法学专业中的民商法方向、民事诉讼法学方向和国际经济法学方向作为重点。之所以选择这样的方向，一是与厦大法学院的重点学科建设同步，二是与出版社能抓住的主要作者资源相对应。近年来，不少大学出版社紧抓国家宏观政策导向，在学术出版方面取得了不错的成效。其作者团队主要包括专业领域内的知名学者专家、所在院校的学科学术带头人及骨干研究人员、当地学者或其他专业人士等。囿于文献类和学术类图书专业强、读者受众面小，从市场角度来看，该类图书主要依靠馆配销售及少量零售，其终端流向为各省级公共图书馆、大中专院校图书馆、科研院所资料室，以及专家学者、科研人员和少量兴趣爱好读者。专业化的深入离不开专业人才的培养。事实上，很多出版人在当下或主动或被动地成了"斜杠青年"。湖南大学出版社为了让编写者花费多年心血的传统教材能够在新的市场环境下找到新的传播方式，积极向数字编辑方向转变，历时8年研发出了"中国工程教育在线——交互式可视化工程训练数字网络出版平台"。当前,出版社正从销售产品转换为经营用户,这对编辑的知识结构与学术背景、产业变革反应的敏锐度、新技术的应用能力都提出了更高的要求。因此,新时期,编辑应该是先进教学理念的倡导者、优质教学资源的集成者、课程教学服务的协同者和优质教学方式的营销者。

4.2 我国大学出版社差异化发展的成功案例

国际上,大学出版社一般采取非营利模式,商业化运作比较成功的大学出版社屈指可数。牛津大学出版社和剑桥大学出版社是其中最成功的代表,但是它们诞生至今已经有四五百年的历史。美国的大学出版社自 1869 年康奈尔大学出版社成立以来,发展已近 150 年。美国大学出版社从成立以来就是非营利性的学术辅助机构,进入 21 世纪以来,美国大学出版社的生存面临诸多挑战。从 2001 年起,美国大学出版社图书销售的增长率已经跌到了近年来的最低点,图书销售商的退货率也达到了高峰,而且一些大学出版社正面临着即将倒闭的风险,只有极个别大学出版社的商业操作比较成功。日本的大学出版社不以盈利为主要目的,组织形态多种多样,如股份公司、财团法人、大学的一个部门等,以刊行学术书、教养书、教科书为主,独立核算为其共同点。这些大学出版社用漫长的时间积累前行,缓慢发展,其成功是用时间和金钱累积起来的。与国外大学出版社相比,中国大学出版社的成长壮大有两个非常显著的特点:一是成长和发展的速度特别快;二是完全靠自身的力量和努力快速发展与迅速壮大,而非依靠外部资金的注入和外部力量的介入。这是任何国家、任何一个国外大学出版社都不可比拟的。可以说,中国大学出版社的发展历史是完全中国化的和独一无二的。下面举例分析我国大学出版社差异化发展的成功案例。

4.2.1 "一轴两翼""内涵发展、自我裂变"——"广西师大社模式"

广西师范大学出版社(以下简称"广西师大社")于 1986 年 11 月 18 日在桂林成立,作为全国首批转企试点的高校出版社,于 2009 年 6 月 28 日正式成立广西师范大学出版社集团(以下简称"出版社集团")，成为广西首家出版集团和中国首家地方大学出版社集团。出版社集团先后于 2014 年和 2016 年收购澳大利亚视觉出版集团和英国 ACC 出版集团，领先建成具有成熟的完整产业链的跨国出版集团，全面开启国际化战略发展，成为中国出版"走出去"的代表性企业。现拥有分别位于桂林、北京、上海、深圳、南宁等地，以及新加坡、澳大利亚、英国、美国、克罗地亚等国家的 30 多家企业，业务范围涉及图书、期刊出版发行，电子音像出版，数字出版和知识服务，文化产品设计、印制、销售和文化服务，以及教育培训、会展、咨询、旅游、艺术品、地产等，形成了跨地域、跨领域发展的格局。出版社集团先后获得各级各类奖项数千项，其中有 20 多种图书荣获"五个一工程"奖、中国出版政府奖、中华优秀出版物奖等国家图书大奖，近 10 种图书获评"世界最美的书""中国最美的书"；先后被国家教委（教育部）评为全国高校教材管理先进集体、先进高校出版社，被新闻出版总署评为良好出版社、先进出版单位；入选全国第二批数字出版转型示范单位、知识服务模式（综合类）试点单位，两次入选"国家文化出口重点企业"，连续 5 年进入中国图书海外馆藏影响力排名 20 强。在近些年行业机构组织的综合评估中，其综合实力稳居中国大学出版社前十。广西师大社建社 30 多年来，始终沿着健康快速的发展轨道前进，规模不断扩大，从借款 27 万元起家，到 2015 年销售码洋 9.8 亿元、利润 6053 万元，成就了中国出版史上的"广西师大社模式"。

"广西师大社模式"的成功经验主要有以下几点：

1. 立足实际，准确定位

在图书选题上打造"一轴（教育出版）两翼（学术人文和珍稀文献出版）"格局，在发展战略上走"内涵发展，自我裂变"之路。广西师大社在各发展阶段都能准确地认清自己所处的环境形势，依据自身的资源优势，立足实际，准确定位。在"做什么"的问题上，毫不含糊，以市场为导向，以内容资源为优势，坚持打造教育图书大本营和人文社科图书与珍稀文献新基地。在"怎么做"的问题上，毅然选择依靠自身的内涵发展从而实现自我裂变的道路。因此，广西师大社在战略上和战术上的定位都是准确的、科学的、成功的。

2000 年，出版社整合南宁印刷厂与广西师范大学印刷厂，成立广西师大社杂志社；还对彩印车间进行股份制改造，增强其印刷经营能力；同年 6 月，对原有杂志进行改革，并增加新的刊种，积极实行"社刊工程"，迅速使杂志社扭亏为盈，并实现书刊互动。2000 年 9 月，广西师大社在北京建立了贝贝特出版顾问有限公司，专门负责高品位的学术文化图书的开发，从而迈开了"走出去"战略的第一步。同年，广西师大社又筹建了桂林贝贝特电子音像出版社，使出版范围拓宽到电子音像领域。自 2000 年组建北京贝贝特出版顾问有限公司起，到 2004 年，广西师大社已经组建了 5 家有限公司。5 家公司的创建，为广西师大社建构集团打下了基础，并且均有良好的发展态势。在经营业绩上，5 家贝贝特公司从 2006 年起，每年产值至少超过一个亿。至此，广西师大社的集团化格局初步形成。2009 年 6 月 28 日，广西师范大学社集团有限责任公司挂牌，成为我国第一家且是唯一一家地方大学出版社集团。2011 年广西师大社年发行码洋超过 7 亿元。

与此同时，广西师大社还通过在北京等地成立公司，突破身处桂林的地缘劣势，接近了文化中心的资源、销售渠道和营销网络，通过吸取当地的力量，迅速打开局面。这种内涵发展、自我裂变的发展模式，体现了广西师大社的积极进取，不仅增强了出版社的综合竞争力，更是为出版社将来的发展打下了坚实基础。

2. 长期致力于品牌建设

广西师大社努力打造图书品牌、编辑品牌、作者品牌、活动品牌，在出版界受到广泛认可与称赞，其良好的品牌形象提升了出版社的社会声誉，稳定了读者群，同时提升了出版社的影响力。

在图书品牌方面，广西师大社自成立之日起便努力履践文化使命，不断调整出版思路，优化图书结构，出版了一大批高品位、高水准、高质量的学术人文图书，在国内外享有盛誉。如"跨世纪学人文存""雅典娜思想译丛""温故系列""大学人文系列""中医文化系列""钱穆作品系列""木心作品系列"及《中国思想学术史》等优秀人文学术著作，受到读者的广泛称赞。需要注意的是，广西师大社打造的图书品牌不是一个点，他们从不因某一图书品牌的成功而放松对其他图书品牌的打造，他们积极致力于打造图书品牌群，珍稀文献类如《中国明朝档案总汇》《中华民国史史料外编》《满铁密档》《美国哈佛大学哈佛燕京图书馆藏中文善本汇刊》《美国政府解密档案》等大型图书的出版，引起了学术研究领域的高度关注。教育教辅图书品牌方面，《重点与难点解析与训练》至今畅销，是最早的中央电视台教育节目讲座用书；《英汉对照译注》畅销 20 年，成为教辅品牌经典之作；《高等教育学论》获第六届国家图书奖提名奖。

在编辑品牌的塑造方面，多年来，广西师大社在打造精品图书、打造品牌过程中，为广大编辑的成长提供了良好的环境，建立了良好的考评体系和激励制度，为广大编辑提供科学化、系统化的培训，同时注重推介与宣传，培养了一批卓有成就的品牌编辑，如刘瑞琳、郑纳新、龙子仲、赵明节等。人们在谈及"温故"时会想到刘瑞琳，甚至还会联想到她早些年的《老照片》；人们在谈及"中国大学讲演录"时会想起郑纳新；读者在选购"中医文化系列"时最先想到的会是龙子仲；读者在谈及"大学人文系列"时候会想到赵明节。这就是品牌的效力。品牌编辑还有很强的穿透力，他们能够将自己领域内的选题无限地挖掘出来，形成品牌群。龙子仲主持策划的《思考中医》，畅销 15 万册，在出版社没有任何营销宣传投入的情况下，带动广西师大社"中医文化"图书系列的形成。赵明节主持策划的"大学人文系列"已成为著名品牌，广西师大社以他为核心，成立大学人文工作室以维护和强化这个系列品牌。

在作者品牌方面，广西师大社长期注重利用自身背靠大学的优势，充分开发作者资源，注重强化服务意识，满足作者的需要，同时注重提高出版社的品牌影响力，吸引作者。因此，出版社集结了一大批让其他出版社羡慕不已的品牌作者，他们当中包括钱穆、唐君毅、唐鲁孙、冯友兰、朱光潜、牟宗三、白先勇、周国平、木心、梁文道等著名学者。品牌作者已经成为出版单位的核心竞争力与核心资源，对出版单位的图书销售具有很大的拉升作用。

品牌建设本质上是出版社的可持续发展能力的建设，广西师大社由一个地处偏远的地方大学出版社成长为具有较大知名度的综合出版社，并在读者心目中树立了良好的声誉，就是其长期坚持品牌建设的最好实证。

3. 拥有一支优质的人才队伍

人才是出版社发展的关键要素。广西师大社能有如此良好的发展态势，取决于其拥有一支优质的人才队伍，其中，出版社的领导人才是关键，编辑人才是基础，营销人才是保证。

领导人才方面，广西师大社第一届领导班子以时任广西师范大学校长王炜忻为班长，他们为了出版社的创办四处走访、尽心尽力。出版社成立之初，他们以极高的政治素质和业务素质，确保了出版社出版方向的正确和扎实起步，并在起步阶段为将来的发展打下了良好基础。广西师大社第二届领导班子以党玉敏为班长，党玉敏务实的个人作风是出版社行动的风向标，他兢兢业业、实实在在，业界现在还流传他带队做发行都住地下室的美谈。党玉敏主张"公事重法，私事重情"，在这种主张环境下，既有制度的规范性，又有浓浓的人情关怀，出版社形成了良好的工作氛围。出版社经济有了积累后，党玉敏等领导团队即刻认识到只做教材教辅图书恐难以实现做出版的理想，制定了"以书养书"的出版方针，在学术人文图书方面崭露头角，引领出版社向更高层次更宽领域发展。广西师大社第三届领导班子以肖启明为班长，肖启明 33 岁就被委以重任，是当时全国最年轻的出版社社长，年轻有魄力、有干劲。上任不久的肖启明以其敏锐的洞察力感知原有教材教辅市场存在严重分化，固守对出版社的发展没有任何帮助，于是决定率领出版社强势进入学术人文图书和珍稀文献图书市场，走出一条"内涵发展，自我裂变"之路。在肖启明的带领下，广西师大社进入快速发展期，为广西师范大学出版社集团有限公司的成立打下最坚实的基础。

编辑人才方面，广西师大社拥有像刘瑞琳、赵明节、郑纳新、龙子仲、唐丹宁等一批优秀编辑，他们文化品位高、业务能力强、专业素养高、人格魅力高，能时刻走在各自领域前沿，引领着这个领域向纵深发展；他们是作者的朋友，是读者的朋友，他们在读者与作者之间搭起了心灵之桥；他们履行和完成好了作为编辑的崇高使命，兢兢业业地选择和优化内容资源，传承和传播优秀文化成果。

营销人才方面，图书市场营销是一个动态变化的过程，广西师大社营销队伍都是在第一线冲锋陷阵，因此很能感知市场的脉搏。20 世纪 90 年代广西师大社就开始探索"渠道下沉"式营销发行模式，积极与民营书店搭桥牵线，推广自己的图书，这样的举措催生了全国教育图书发行体。如今，信息化时代的图书市场营销是建立在科学化、系统化、日常化的基础之上的，读者市场由卖方转向了买方，图书市场营销的中心是读者，而非图书，即以人为本的经营理念。广西师大社营销人才时刻感知市场的变化，很早就树立了以读者为中心的经营理念，建立了一支具有现代营销理念的营销发行队伍。这支队伍从选题策划开始，就对图书出版信息收集、市场调研读者定位、作者选择、装帧设计、图书定价、推广形式进行监控与反馈，精心策划，最大化地实现图书的有效销售，最大化地占有市场份额，增强出版社的市场竞争力。

4. 走多元化经营之路

广西师大社地处西南一隅，背靠没有鲜明专业特色与优势的广西师范大学，很难走出一条"专、精、优、特"的道路。面对教材教辅市场逐渐分化的情况，广西师大社决定突破地域劣势和领域劣势，走多元经营之路，实现了相关资源共享和产业互动，实现了利润的最大化，促进了出版社的快速发展。这具体体现为：

（1）"一轴两翼"。广西师大社不断优化图书，呈现出以教育图书为中心、社科人文图书与珍稀文献双翼齐飞的"一轴两翼"图书出版格局。

（2）"社刊工程"。为寻求新的经济增长点，开辟市场，广西师大社 2000 年起开始启动"社刊工程"，成立广西师范大学杂志社，杂志社创办的《作文大王》《数学大王》《英语大王》期刊，拓展了原有教辅市场；《新营销》《市民》期刊拓展了广西师大社的新领域；《南方文坛》期刊被誉为"中国文坛批评重镇"，强化了出版社人文社科品牌。

（3）广西师大社构建了一条集图书、电子音像、照排印刷、批发零售、教育培训、会展、咨询策划、广告、旅游、房地产、艺术收藏品等业务于一体的出版传媒产业链。

（4）突破地域限制，积极尝试跨区经营。广西师大社积极突破地域限制，在跨地区经营上取得很好发展。5 家"贝贝特"公司，犹如"五朵金花"在北京、上海、广州、南京、南宁等地"盛开"，出版社跨地域、跨领域发展取得重大突破，经济规模与日增长，产品范围渐渐扩大。

5. 注重企业文化建设

广西师大社向来重视在出版社的管理中坚守人文精神，他们主张"公事重法，私事重情"，注重人的差异性管理。广西师大社在管理中坚持以人为本，重视营造轻松、愉快的工作氛围，重视调动职工的积极性；重视对职工的理解和尊重，辨证地看待"在办公室的工作效率最高"这个问题。广西师大社有这样一段佳话：龙子仲是不喜欢白天上班工作的，他善于在晚上思考，他的才华和能量也只有在晚上夜深人静时方能彻底发挥。广西师大社的领导团队以其独有的魄力和宽容默许龙子仲白天不用打卡上班，让其充分发挥才干。要知道，打卡上班是多年的管理制度，广西师大社能够不拘小节、因人而异，关注到人的价值，这种管理方式是其坚守人文精神的最好证明。在薪酬管理方面，广西师大社执行绩效考核，奖优罚劣，最大限度地激发职工的工作热情。出版社强化职工事业心，大家更多关注的是为读者服务和奉献，而不是功名利禄。

4.2.2　教材优先，学术为本，建设一流——"北大社模式"

北京大学出版社（以下简称"北大社"）是当代中国历史最悠久的出版社之一。北大社前身为 1902 年设立的京师大学堂译书局和编书处，著名翻译家、思想家严复担任译书局总办。1917 年出版部成立。1952 年，北大出版部撤销。1979 年，教育部批准成立北京大学出版社，恢复了北大社建制。

在改革开放中获得新生的北大社，作为以人文社会科学为主的综合性大学出版社，坚持为教学科研服务、为人才培养服务、传播知识、积累文化、繁荣学术、服务社会的办社宗旨，坚持立足北大、面向全国、走向世界的开放办社模式，坚持"教材优先，学术为本，争创一流"的办社方针，取得了良好的社会效益和经济效益，成为国内有重要影响和良好声誉的大学出版社。

截至 2018 年年底，北大版教材共获各种奖项 1124 项，其中国家级 20 项，省部级 424 项。博雅大学堂系列中国语言文学、历史、哲学、艺术教材，以及 21 世纪法学系列、21 世纪经济与管理、新一代对外汉语、21 世纪社会学、21 世纪外国文学等系列已经形成一定规模，并产生了较大影响。"十三五"期间，北大社共承担"十三五"国家重点图书出版规划项目 20 项，《儒藏（精华编）》等 25 种图书承担国家出版基金年度项目，《外来规则与固有习惯——祭田法制的近代转型》等 276 种图书承担国家哲学社会科学基金后期资助项目，《清代经学著作丛刊（第一辑）》等 21 种图书承担国家古籍整理出版资助项目。

"北大社模式"的成功经验有以下几点：

1. 战略定位清晰

其主要措施有选题战略（包括教材战略和学术战略）、品牌战略、数字化出版战略、国际化战略等。

如教材战略。早在 20 世纪 80 年代，北京大学就成立了"教材建设委员会"，统一规划北大教材。北大社依靠北大雄厚的教学、科研力量，同时积极争取国内外专家学者的合作支持，出版了大量高水平、高质量、适应多层次需要的优秀高等教育教材，包括研究生层次系列教材、大学本科中较高层次的精品系列教材（有些学科包括案例教程）、大学本科一般层次的普通高等教育精编系列教材、远程教育和成人本科层次的系列教材、专科和本科层次的自学考试教材、高职高专系列教材、社会培训教材、重点建设基础学科教材、填补学科空白的前沿教材、反映教学改革成果的教材、具有学科竞争力的系列教材。为了配合教学需要，北大社组织策划了与系列教材配套的习题集、教学参考资料和教学案例丛书，以及自学考试教材的自学辅导丛书等教学参考、辅助用书，努力构建立体化的教材、教学用书体系。有的系列如大学英语教材还积极开发了网络化系列教材。北大社注意对教材进行全面追踪，捕捉信息，及时修订，以跟上各学科的最新发展，反映该学科研究的最新成果，保持北大版教材的领先地位。

再如学术战略。学术图书方面，北大社坚持高层次学术的精品战略，体现了 4 方面的结合：一是经典学术品牌与学术创新、前沿探索结合；二是单一学科的专深研究与跨学科综合研究结合；三是引进国外学术成果与国内学者原创结合；四是基础理论研究与为现实服务的问题意识结合。20 世纪 80 年代、90 年代北大社陆续出版了《全宋诗》、"北京大学数学丛书"、"中国文化大观"系列、"文艺美学丛书"、"北京大学院士文库"、"学术史丛书"、"北大名家名著文丛"、"北京大学青年学者文库"和《潘光旦文集》《胡适文集》等在海内外产生广泛影响的图书。进入新世纪，北大社又相继出版了《人文社会科学是什么》、"名家通识讲座书系"、《十三经注疏》、《孙子兵学大典》、《中华文明史》等，形成了新的学术品牌。

在具体的做法上：（1）北大社根据自身资源和经营情况，制定了"教材优先，学术为本，建设一流"的战略发展布局，力争形成教材和学术出版占 70% 以上、大众出版占 30% 以下的出版结构。（2）在巩固有一定基础和优势的学科的基础上，根据国家政策和学校发展规划，在若干领域内形成新的优势和支柱，形成综合基础上的特色。（3）以汉语和中国文化为突破，加大国外市场开发，使海外收益占到相当比重。（4）强化质量和服务，以质量和服务扩大市场份额，从消极地适应市场向主动地引领市场迈进。

2. 建立适应市场变化的内部经营管理机制

北大社适应大学出版社"转企改制"及出版市场化的需要，积极构建资产管理机构、产权经营机构、出版社法人实体机构"三位一体"的资产管理与运营体系，设置合理的薪酬体系，吸引优秀人才，鼓励竞争上岗，实行绩效考核，真正实现了人员能进能出、岗位能上能下、工资能增能减的新局面，使内部组织结构和人员结构更加合理，干部队伍更加年轻化，企业活力进一步增强，市场竞争力迅速提高。这方面的主要举措有：（1）对各事业部、编辑室、下属文化出版公司进行独立核算，赋予其更大的经营自主权，强化了经营管理中的责、权、利统一；鼓励各学科领域根据不同的特点发展，提高企业面对不断变化的市场需求的应变能力和速度。（2）进一步调整和优化人员结构，分工更为细化，工作效率和质量不断提高。（3）以国际化和专业化为目标，加强人力资源的引进和开发。

4.2.3　主题出版+"走出去"战略——"人大社模式"

中国人民大学出版社（以下简称"人大社"）成立于 1955 年，是中华人民共和国成立后的第一家大学出版社。人大社目前年出书3000余种，发行码洋近10亿。人大社转企改制后大力开发马克思主义理论类学术著作与教材，聚焦重大时间节点、反映时代发展类的主题图书、主题时政类畅销书。"马克思主义研究论库（第二辑）""20世纪马克思主义发展史"等6个项目入选第一批"'十三五'国家重点图书、音像、电子出版物出版规划""主题出版规划"，《习近平与21世纪马克思主义》等9个选题入选教育部"全国大学出版社主题出版选题"，《寻求突破的中国经济》等4种选题入选中宣部、总局"2016年主题出版重点出版物选题"。此外，人大社根据自身资源，近年来加大出版国际化的步伐，努力探索中国学术出版本土化的多样形式。具体举措如成立"一带一路"学术出版联盟、建立海外分社、共建图书出版中心、合建人文交流机制平台、密切配合中国领导人高访活动等。

"人大社模式"的成功经验如下：

1. 实施精品战略

人大社提出了"以教材精品为主体、以学术精品和大众精品为两翼"的选题结构思路，为建设大社名社和内涵式发展出版企业加固、拓展产品基础。在出版规模扩大、出书周期缩短、精品图书增加的情况下，人大社从组稿、编辑加工、校对、装帧设计、出版印刷各个环节上加强了质量把关。

2. 组建发行公司

按照市场化发展方向和我国发行体制改革的要求，人大社对市场营销部进行了公司化改造，组建成立了准公司化管理的发行公司。根据实际情况，人大社成立了教材发行中心、一般图书发行中心、直销中心和外版中心，从体制上为营销工作进一步贴近市场、做细做好创造了条件。

3. 改造策划、组织、编辑部门

人大社对出版物的策划、组织、编辑部门进行进一步改造，探索适应现代企业专业化需要和市场规律的体制：2002年，将编辑部门改造成经管、法律、人文、教培和外语五大事业部；2003年，在此基础上进一步拆分，组建了 13 个事业部（中心），使其有更大的发展空间和自主权，更加贴近市场。人大社积极探索利用各种社外策划能力，先后组织成立了朗朗、博闻一方、诚文等文化公司，广泛联系各方面作者，拓展出版社的图书策划品种。

4. 改革人事制度

人大社在人事制度改革上取得突破，打破编制、身份的界限，不拘一格使用人才。人大社一方面研究市场经济条件下企业运作与发展的规律，在确保企业核心生产力掌握在自己手中的前提下，其他工作能够社会化的都走社会化的路子，从而尽量降低社内人力成本；另一方面，优化社内现有人力资源的配置，实行按需设岗、公开招聘、平等竞争、择优聘用、严格考核、合同管理的用人机制。与此相适应，人大社建立以岗定薪、岗变薪变、按劳取酬、优劳优酬、以岗位工资为主要内容的社内分配制度。由于加大了人力资源开发与管理的力度、科学考评的力度，最大限度地挖掘了人的潜力，调动了员工的积极性、主动性，因而实现增效不增人，有的部门甚至实现了减员增效。

4.2.4　发挥自身特色，在专业上做深做透做强——"北语社模式"

北京语言大学出版社（以下简称"北语社"）成立于 1985 年，具有图书、期刊、音像、电子出版物出版权和互联网出版权，是中国唯一一家国际汉语教学与研究专业出版社。研发的出版物多次荣获中国出版政府奖、中华优秀出版物奖等国家最高奖。北语社以出版国际汉语教材、中国少数民族汉语教材、外语图书等语言类图书产品为主要特色，每年出版图书 1000 多种，数字产品 300 余种。北语社自 2004 年起开始实施海外扩张战略，借助版权输出，积极开拓海外市场。

"北语社模式"的成功经验有以下几点：

1. 战略定位清晰

2004 年以来，北语社不断明晰自身发展战略定位，形成以来华留学汉语教材、海外汉语教材、少数民族汉语教材三足鼎立为龙头，以外语图书为侧翼，以对外汉语教材研发为后军的战略格局。基本思路是以纸质教材、电子音像产品出版和网络出版为核心，以传统语言培训和网络教育并行的培训模式为手段，形成教材研发中心、出版传媒中心、网络出版与营销中心和语言培训中心四大出版中心，构建国内营销、海外营销、网络营销三大营销网络的立体化营销渠道，实现传统出版、语言培训、网络出版、电子出版、网络教育的一体化协调发展格局。

2. 良好的立体销售网络

北语社发挥自身能动性，开发建立自己的立体销售网络，其全球销售网络的措施主要有：

（1）建设海外代理经销商。北语社向海外派出版权贸易工作人员，主动扩展海外市场，同国外出版社洽谈合作，开发海外代理商。到2007年为止，北语社的国外代理经销商已经达到292家，扩展到了33个国家。

（2）北语社同国外版权销售公司合作。北语社同样是与圣智学习出版集团合作，但合作方式与外研社不同，北语社在国内大学出版社中第一次采取"麦当劳"经营模式的授权销售方式，圣智学习出版集团付费获得北语社所出版图书在英语国家的独家永久销售权，并保证每年的销售额。北语社同博悦图书有限公司合作，输出《汉语会话301句（北美版）》，同样采用博悦图书有限公司购买该书的北美独家销售权的方式。此外，和北语社合作的还有亚马逊公司、贝塔斯曼等国际驰名出版公司，彼此一同将对外中文教材推向世界。

（3）除了传统的营销渠道，北语社于2007年开始建立全球化的电子商务系统，支持网上支付，这样可以更直接、更快速地将产品销售到全世界的读者手中。此外北语社还建立了海外分支机构。2011年，北语社在美国建立北语社北美分社，这是国内唯一一个在海外建立的大学出版社分支机构。北美分社的建立使得北语社快速地融入北美市场，直接面对北美市场的消费者。

3. 资源优势

与商业性出版社相比，北语社凭借北京语言大学的平台，具有显著的资源优势，主要表现在以下几方面：

（1）在人才队伍方面，北语社拥有相当一部分学术水平高、专业技术好的编辑出版队伍。他们能与一线教师及时沟通，对科研成果具有前瞻性，这为出版社开发选题创造了有利条件，可以促进出版社多出书，出好书。

（2）在学术范围方面，北语社依托高校的学科优势，开发重点学科选题，对重点科研项目、前沿课题进行动态跟踪，培育自己富有特色的品牌、精品。

（3）在文化交流方面，北语社具有高等院校提供科技文化交流场所的空间优势，能够及时了解世界各国文化教育交流的信息和动态，掌握海内外高校教学科研的最新信息，有利于做好国内图书的"走出去"和海外优秀图书的"引进来"。

总之，北语社具备整合学校学科资源和人才资源的优势，以不断研发适应教育、科研为主的新教材，并不断培育自身品牌产品，努力将国内的传统文化、优秀文化以教材输出的方式传播到海内外，为中国图书对外推广和文化"走出去"奠定坚实的文化基础。

4. 与主办单位的互动性较好

北语社与北京语言大学的发展是互动的。作为以北京语言大学为依托的出版社，北语社具有优先使用语言学和专业人才的优势，使得尖端权威的学术课题与成果可以通过优秀的出版物和优秀的教材内容及时展现给海内外。同时，教材的编辑、出版和发行也成为北京语言大学向社会大众传播知识与文化的重要途径。

4.2.5　专业出版+精品出版+学术出版+多元化合作的发展之路——"清华社模式"

清华大学出版社（以下简称"清华社"）成立于 1980 年 6 月，是教育部主管、清华大学主办的综合性大学出版社。2009 年 4 月，清华社由国有独资全民所有制企业改制为有限责任公司；2014 年 10 月成立清华大学出版集团。清华社作为国内领先的综合性教育与专业出版机构，先后荣获"国家一级出版社""全国优秀出版社""全国先进高校出版社""全国百佳图书出版单位""中国版权事业最具影响力企业"等荣誉和称号。2007年、2017年分别荣获首届和第四届"中国出版政府奖先进出版单位"。历年来，清华社出版发行的一大批图书和期刊多次获得中国出版政府奖、中华优秀出版物图书奖、中国好书、中国最美图书等国家级奖励。清华社现年出版图书、音像制品、电子出版物等近3000种，年发货码洋达16亿元，销售规模、综合实力及在高等教育教材市场、科技图书市场、馆配图书市场的占有率均名列前茅。清华社现设有"计算机与信息""理工""经管与人文社科""外语""职业教育""音像电子与数字出版""少儿""医学"8个分社和期刊中心、学术出版中心，下辖9个子公司，建立了完善的经营体系与集团化架构，实现了图书、音像制品、电子出版物、期刊和网络等多种媒体融合的立体化出版格局。其中，高品质、多层次、全方位的计算机图书是清华社的特色品牌，自1995年以来一直雄居我国计算机教材市场首位；依托清华大学强大的学科资源，理工和基础学科类图书已形成强势板块；经管与人文社科类图书也已跃居全国前列；外语、职业教育类图书一直保持着良好的发展势头。伴随着清华大学创建世界一流大学的步伐，清华社不断调整和优化图书结构，在文学、艺术、法律、建筑、少儿和医学等领域的出版竞争力不断增强，在全国图书出版市场的传播力和影响力得到显著提升。

清华社坚守学术出版使命，精心谋划布局，不断加强与清华大学"双一流"建设相匹配的高水平学术著作板块和学术期刊群建设，业已成为国内领先的综合性学术出版机构之一。在信息科学、航天航空、智能制造、能源环境、数理科学等自然科学领域，以及哲学、历史、社会、经济等人文社科领域出版了一大批学术精品力作，多次入选国家出版基金、国家重点图书出版规划等项目。2011年3月，清华社成立期刊中心，加快了学术期刊集群化、国际化发展步伐，现出版学术期刊29种。《纳米研究》等6种英文科技期刊被SCI收录，多种中文期刊入选CSSCI及其扩展版等主要中文核心期刊数据库。

清华社重视国际化发展，积极开展版权贸易和合作出版，与多家国际著名出版公司建立了长期合作关系；在引进海外优质版权资源的同时，面向全球开展组稿，自主或合作策划的英文版学术著作和期刊已销往全世界，进入了国际学术界和教育界的视野。作为"中国图书对外推广计划"成员单位，清华社迄今已有近 800 项约 20 个语种的各类图书版权输出到北美、欧洲和亚洲国家，另有 400 余项图书的中文繁体版在中国港澳台地区出版发行。在数字时代，清华社积极探索融合发展模式，努力实现由单一出版产品形态向复合出版产品形态升级，从传统产品提供商向内容资源、技术、服务提供商转型。在大众知识服务领域，尝试根据内容策划全版权产品形态并通过自有及多形态的渠道分发产品；在教育教学领域，实现了"书+互联网"的教材升级，并规划实施了以"文泉学堂"为整体教育教学服务的教材转型方案；为高校师生提供教育教学的整体解决方案，与文泉学堂合作了 30300 余种电子书，另有 75083 个多媒体附件和课件、300 余门在线专业课程资源。在专业内容服务领域，清华社一方面做好数字化期刊发布平台，另一方面努力打造基于知识树构建的专业内容服务平台，为专业人员提供线上服务。在多年的融合出版发展过程中，清华社积累了专业的数字教学产品研发团队、强大的推广销售体系、立体的教学服务平台，确保为学生提供丰富的学习资源和工具，为老师提供专业便捷的数字教学服务，为学校提供科学先进的教学管理方案。

"清华社模式"的成功经验如下：

1. 突出计算机强势板块，形成特色产品群，发挥品牌引领力，进一步创新开发

谭浩强教授的《C 语言程序设计》自 2000 年出版以来，已经发行了 1500 万册；《计算机科学技术百科全书（第三版）》也已经修订出版。在计算机领域，清华社在教材、学术专著和引进国外先进成果的基础上，又加强了市场零售产品的研发。

2. 在理科、工科领域，强调要占领制高点，抓住优势板块，夯实基础

理工类图书是清华社的立社之本。依托清华大学的学科优势，打造优势板块，进一步丰富、完善理工类图书架构是出版社发展规划的基础。自"十二五"以来，清华版理工类图书架构进一步丰满，重点建设的有"清华大学机械设计基础系列课程教材""清华大学机械工程及其自动化系列教材""清华大学基础工业训练系列教材""汽车典藏系列"等。其中，张三慧编著的《大学物理学（第三版）》成为累计销量超过 100 万套（500 万册）的集科学性、先进性、实践性、趣味性、民族性于一体的研究型经典教材；全国第一套"应用统计工程前沿丛书"和"清华大学动力学与控制丛书"的出版，进一步完善了清华社理工类图书的架构。

3. 建设重大出版工程，打造学术精品

清华社历来重视重大出版项目的示范带动作用。近几年来，清华社陆续出版了一批入选重大出版项目的精品力作。比如，《中国汉传佛教建筑史——佛寺的建造、分布与寺院格局、建筑类型及其变迁（三卷本）》《多语种水利机械词语（五册）》《工程机械手册（第一期 10 册）》《服饰中华：中华服饰七千年》《中华家具大全》《应急平台体系关键技术研究的理论与实践》《量子化学——基本原理和从头计算法》（上、中、下），以及"中国航天空间信息技术丛书""肝脏外科学""智能制造系列丛书（28 卷）"等，它们有的获得国家科学技术学术专著基金，有的入选国家重点出版项目，有的获得国家出版基金，有的获得国家级图书大奖。

4. 建立学术专著出版平台，构建期刊群

清华社在加强学术专著出版平台建设过程中，以清华大学的优势学科为主，以重大出版项目为抓手，以国家出版基金项目和国家级出版奖项为努力方向，建立具有国际品牌影响力的学术专著出版平台；同时，建立研究和跟踪国家重大科研项目的动态机制，培养一支在相关学科领域国内乃至国际知名的作者队伍。针对学术专著出版的特点，清华社制定相关编辑人员的考核办法，制定专门的质量保障办法；同时，加大对学术专著"走出去"的投入。加快"期刊群"建设的步伐，清华社以清华大学优势学科为依托，建设具有相当规模的、具备较高学术竞争力和市场竞争力的期刊群；完成涵盖多层次、多学科，覆盖国内、国际市场，包括多种经营方式、多种传播形式的期刊群布局。以《纳米研究》

为代表的期刊群已经形成，从而大大提升了科技出版在发展战略中的核心竞争力。

5. 加强重点平台建设，提供互联网信息内容服务和教学服务

清华社在 2008 年就与北京方正阿帕比技术有限公司建立了合作，签订了数字出版合作协议。阿帕比公司研发出了"出版社数字出版系统"，清华社可以利用这个平台进行各种数字出版业务。清华社又与新加坡电子书系统有限公司合作建设了数字出版网站——文泉书局，这是一个涵盖网络书店、数字样书库、新书发布、在线投稿等多项功能的数字化系统。截至 2011 年，清华社的数字出版图书就已经达到了 7000 多种，并且有资料表明，目前还保持着平均每年增长 4000 多种的速度。除此之外，清华社对学校的期刊、学术著作等进行了归纳和整理，成立了先进的数字化期刊中心，专门用来管理那些宝贵的学术资源，并且如果有用户需要的话，还可以在线提供给用户。

清华大学文泉书局做得比较成功的就是在线教育平台。主网站是文泉教学服务网，首先要在网站上注册成为会员。这个网站的导航中有多项服务，例如样书申请、课件下载、院系书架等，会员根据自己的需求可以寻找到清华大学各类教材教辅及优质的在线课程，对于需要用这类教材教辅进行课堂讲解的老师，网站还提供了专门的电子讲义。清华社还与清华大学各院系建立了很好的合作关系，为他们定制专门的电子书架，满足不同专业老师和学生的不同需求，丰富而宝贵的学术资源为老师和学生们带来了很好的阅读体验，极大地便利了老师们的教学活动，满足了学生们的学习需求。在网站开通的较短时间内，用户就呈现飞跃式的增长，因此树立了很好的品牌形象。

4.2.6　精品化、数字化、国际化，依托大学, 树立品牌——"浙大社模式"

浙江大学出版社（以下简称"浙大社"）创立于 1984 年 5 月，是教育部主管、浙江大学主办的国家一级出版社。浙大社继承浙大几代学人"求是""创新"的精神，通过 30 多年发展，成长为一个拥有图书、期刊、电子、音像和数字等各类出版资质，出版范围涵盖理、工、农、医

和人文社科等多个学科领域的综合性大学出版社。

　　浙大社坚持把服务党和国家文化战略与出版工作大局、服务学校"双一流"建设作为办社宗旨，以建设世界一流大学出版社为目标，积极实施精品化、数字化、国际化发展战略，力求以出版高水平、国际化、前瞻性的出版物作为实现大学价值的延伸。浙大社先后获得过数百种国家和省部级各类奖励和荣誉，被评为全国"百佳"出版单位、首届全国新闻出版行业文明单位、国家文化出口重点企业、国家数字化转型示范单位、第四届中国出版政府奖先进出版单位。

　　目前，浙大社下设艺术出版分社、人文社科出版中心、国际文化出版中心、科技出版中心、教材出版中心、大众图书出版中心、青少图书出版中心、数字出版中心、期刊分社等部门，下辖3个分公司，建立了完善的经营体系与现代化企业架构，实现了图书、音像、电子、期刊和网络等多种媒体立体化出版格局。

　　建社以来，浙大社累计出版图书10000余种、数字和电子音像读物近千种，先后出版了国家级重大文化工程"中国历代绘画大系——《宋画全集》《元画全集》，以及"中国科技进展丛书"、《感染微生态学：理论与实践》等一大批有影响、受好评的优秀出版物。"十三五"以来，浙大社共获得7项中国出版政府奖，其中3项正式奖、4项提名奖；2008年以来获得国家出版基金项目21项，获得资助总额8648万元，位居全国前列；入选国家科技学术著作出版基金70余项，入选国家古籍整理出版资助14项，分别居全国大学出版社首位；入选"十三五"国家重点图书规划项目19项，居全国大学出版社第5位。浙大社期刊分社（原期刊中心）成立于2008年，旗下目前共出版27种学术期刊，包含11种中文学术期刊、16种英文学术期刊，先后获得中国出版政府奖、百家科技/社科期刊奖、中国高校杰出科技期刊奖、中国最具国际影响力学术期刊奖等多项全国性荣誉，得到学界和业界的肯定。

　　"浙大社模式"的成功经验如下：

1. 依托出版社优势策划高水平项目

　　2012年以来，浙大社已有11个项目获得国家出版基金资助，其中2017年、2018年连续两年每年都有3个项目入选。2015—2017年入选的 5 个项目共获得国家出版基金资助 318 万元。浙大社入选的项目均高水平、高质量，经过精心策划，准备多年，达到了国内领先水平。第一，项目的作者团队基本是该领域的知名学者、专家。比如"中国大科学装置出版工程"的创作团队全部是建设、运营该大科学项目的科研院所，并且由所长、院士把关。例如，《北京正负电子对撞机》一书的作者就是中科院高能所的所长王贻芳院士，"大国教育战略研究"的主编是国际教育研究方面的权威徐辉教授，"认知神经科学前沿译丛"的作者包括多位心理学会的理事长，"美国教育变革研究"的主编是教育史学会理事长张斌贤教授，"高考制度变革与实践研究"一书的作者是高考改革研究代表性学者刘海峰教授。由于有了国家出版基金的支持，浙大社可以约请更高端的作者，作者创作时也注意从国家水平的高度严格要求，对于提升图书的品质有更好的保证。第二，浙大社高度重视国家出版基金项目的编辑出版工作。社领导直接把控项目，并且组建了由出版社首席编辑牵头、资深编辑组成的团队，专门负责基金项目的策划、组织、申报、编辑工作，总编办、校对、印务、美编、其他编辑部门的编辑都全力配合，把基金项目的编辑出版工作放在首要位置，保质保量优先完成。这些图书出版以后均获得了读者的喜爱和高度评价。第三，结合浙大社的优势和特色，精心策划选题。对于一般基金项目，浙大社都是先策划选题，再去约请相关领域的权威专家创作。通常需要提前 3 年开始策划、组稿，足够的提前量可以确保选题和稿件的质量。教育学和心理学是浙大社的传统优势项目，近年来，浙大社还拓展了科普类项目。浙大社会根据每个学科的特点来申报，教育学类则抓住教育热点难点问题，例如 2017 年申报的高考改革问题、2018 年的"双一流"建设问题；科普类注重展示我国的科技实力，提升青少年科学素养；心理学则侧重学术水平和价值，一个门类每年申报一种。

2. 跨界联合，通过项目积聚资金、人才和技术

首先，浙大社联合学校有关学科和校外的一些研究企业，通过申报国家和省部级的一些项目来积聚人才和技术。比如，2007 年浙大社通过申报浙江省重大攻关项目——面向家庭的、个性化出版服务的关键技术和应用示范，基本上掌握了整个数字出版的流程，积累了一些关键的

技术。通过这个项目，浙大社还申报了几项专利和软件著作权，也把人才积聚到了一起。再比如，浙大社承担了浙江大学数字知识库和数字出版服务系统建设，同时面向教师学生推出个性化的出版定制项目；另外还参加了有关原数据规范的课题及有关文化遗产数据出版的课题，这些课题尽管对浙大社的数字出版业务没有直接支撑，但是做了人才、技术储备，找到了一些可行的路子，即所谓的项目渠道。

其次，产学研一体化研发解决了技术和内容的结合，解决了团队的问题。数字出版要长远发展必须有自己的团队，成功的关键在于技术和内容的结合，谁结合得好谁就会掌握先机。在这样一个过程中，特别是承担项目的过程中，浙大社把出版社的资源、学校的学科资源、学校的信息化应用资源，包括社会上一些 IT 企业的资源整合到一起，通过不断地承担项目，最后凝聚成了一个核心团队。

3. 构建"一带一路"重大项目平台，推动学术文化出版"走出去"

在人文社科领域，浙大社构建了"一带一路"重大项目平台，"一带一路"主题图书也成为出版社重点向丝路沿线国家输出的主要产品。目前浙大社在"一带一路"沿线国家已取得较好的合作基础，每年版权输出数量和语种数量均稳步增长；同时，自建的"'一带一路'国际出版示范平台"，也入选了 2017 年度浙江省和国家文化出口重点项目。

4. 实行数字化、国际化战略

在国际化方面，从 2006 年开始，浙大社就把国际化作为最主要的战略，最早是"借船出海"，和斯普林格签订了战略协议，把中国科学家的作品通过斯普林格的平台推向全世界，双方共同打造的科技进展丛书有 60 多种；同时，又和爱思唯尔建立了合作，包括出版了中国技能与技术及环境等方面的丛书，也建立了机制性的人员互访计划。另外，一些人文社科产品也在逐步推出去。

在数字化方面，目前浙大社大众数字阅读产品已在全国排名前三，在移动阅读及各个电子渠道里，收入已达数千万元。每一个大众阅读部门都自觉把数字化作为选题论证、测算的一部分；另外，还有一系列数字化教育出版产品，包括针对高校的互动电子教材、重点课程的电子教材及一系列碎片化产品，这些产品有的延伸了浙大社的优势。

在数字学术领域，2016 年，浙江大学出版社在原网站基础上对数字平台实施了全新的改造，面向集群化、集约化发展，打通后台数据，增强各项功能；其期刊中心所属期刊，以集群与单刊联动的模式，采用中英文双语制作，实现国际国内同时发布，并增加了与 ORCID 等有关国际学术机构合作的接口。另外，浙大社还建设了机构知识库，比如浙大社的浙江大学机构知识库，据非官方统计，这是国内最好的或者使用量最多的库之一。此外，还有数字化管理。2007 年开始，浙大社定制了 ERP 系统（企业资源管理系统），把所有流程都整合到系统里，后来又做了数字内容管理系统、数字营销系统等。从数字的学术、数字的教育、数字的阅读、数字的管理到数字的营销，每一个传统的核心领域都已经把数字化元素注进去或者已经达到了一定的结合程度。

目前，浙大社数字化产品收入占总收入的百分比达到了 20% 以上。另外，数字化对浙大社的产品形成了直接支撑，比如有些产品通过数字化平台使得用户的忠诚度或黏度增加；有些产品是通过数字化来吸引作者的，比如高水平教材的开发。浙大社还开拓了批量生产、批量分发系统，并已经可以为其他出版社服务了。浙大社还为有关管理部门提供一些数字产品等，这些都是新开辟的领域。

4.3 我国大学出版社差异化发展的实践启示

4.3.1 要有明确的市场定位

通过对表 4-2 中我国 13 家大学出版社出版特色的观察和案例分析，我们很容易发现多家大学出版社的出版内容都是以教材教辅和学术著作为主，普遍存在的问题是市场定位不科学，产品同质化严重，同类产品竞争激烈。综合考虑以上因素，我国大学出版社在市场定位上存在的问题可以概括为以下几点：

1. 出版范围 "一刀切" 现象突出

大部分大学出版社的出版范围都局限于教材教辅和学术著作，其中绝大部分是教材出版，学术著作出版所占比重较小，可以看出我国大学出版社选题和策划能力较差。目前我国许多大学出版社依靠科研经费出书或作者自费出书维持生存，选题跟风现象比较严重，造成了出版资源的极大浪费。

2. 缺乏鲜明的市场特色

我国许多大学出版社缺乏自己的特色产品，虽然出书品种也不少，但是不利于形成固定的消费群体，这反映了出版社不了解受众的特点及消费需求，因此需要加强市场调研能力，在此基础上打造特色出版产品，创建出版品牌。

3. 急需科学的理论指导

我国大学出版社普遍缺乏科学的理念对其经营进行指导，市场意识较淡薄，经营观念相对陈旧，不能很好地将大学的优秀学术资源及时转化为商品，市场竞争能力较差。

4. 缺乏专业的营销人才

目前我国许多大学出版社急需建立自己的销售团队，利用现代化的营销技术和营销手段不断丰富销售模式，积极拓宽销售渠道，开发新的销售市场。

因此，我国大学出版社要想在激烈的市场竞争中发展壮大，必须有明确的市场定位，充分体现差异化，在差异化战略的基础之上，再根据自身的特点和时代的特征采取不同的战略，例如品牌战略、数字化战略、国际化战略等。

4.3.2 应充分依托母体学校，整合出版资源

华东师范大学出版社原社长朱杰人曾指出：我国的大学出版社与母体大学、高等教育紧密联合在一起。这种特性使我国大学出版社很容易将教育资源转化为出版资源，使教育成果进入出版选题，将学科教育优势转化为专业出版优势。大学出版社以高校为依托，与校内教师联系紧密，定会在第一时间获知本校有关的学术成果、创新信息。同时，大学

出版社由于聚集了一批深受本校熏陶、熟悉本校学科专业、擅长相关专业知识加工的出版人才，完全有能力将本校及相关领域科学研究形成的思想方法和科技成果等借助出版物及时、系统地呈现出来，进而转化为社会生产力。这些成果转化得越快，带来的社会效益就越大。大学出版社要为学校的优势和特色资源搭建核心出版交流平台，要主动与专业院系建立紧密联系，依托信息渠道优势和出版社工作平台为各学院和教师策划出版教材和学术专著。另外，编辑还可以经常去跟踪一些学术会议，广泛结识相关学科领域的学术人才，同时将校外相关领域的专家学者聚拢到学校的学术平台上来，可以为出版社培养优质的作者群体。

因此，大学出版社可以依托母体大学的专业教育资源和教师资源，充分开发优质选题，积极占领相关市场领域，形成专业领域的出版优势。

4.3.3　要特别重视数字出版

目前，大多数具有实力的大学出版社已经纷纷涉足数字出版领域，为大学出版社向数字出版的转型开了先河。但是，我们还应看到，我国大学出版社的数字出版仍处于初级阶段，绝大部分大学出版社依旧习惯于传统出版。大多数大学出版社向数字出版转型的过程中都面临着复合型人才匮乏、资金短缺、数字技术资源短缺等问题。另外，最核心的问题就是数字出版赢利模式的不成熟。这些要素制约了大学出版社的数字化进程。

虽然大学出版社在转型过程中有一定的限制因素，但是我们也应该看到其拥有的诸多优势，如丰富的资源优势、人才优势和区域优势等。大学出版社数字化出版工作的核心应该是教育，因为大学出版社面对的主要读者群体是学生和老师。所以按照学生、老师这一读者群体的特点和需求，充分利用和挖掘高校的教育资源，把数字出版本身所具有的优势和学校的教育结合起来，能够发挥更大的作用。

另外，大学出版社在明确自己的数字出版定位之后，应该把传统出版要素和数字出版要素结合起来，将文字、图像、音频、视频等多种媒体有机结合，为读者提供全方位的学习内容。大学出版社还可以横向或纵向联合，依托自身丰富的教学科研学术资源，打造专业细分的学术资源信息服务平台，这是大学出版社转型切实可行的道路。国内的很多大学出版社已进行了数字出版的实践，虽然这些实践并没有形成一条清晰的赢利模式，但是这些尝试对于大学出版社的转型来说具有非凡的意义。如上述清华社建立的数字出版门户网站——文泉书局，就为我国高校出版社和广大读者提供网络出版和电子书的阅读与销售服务。目前，很多高校出版社也加入了该网站，有数千种图书上线。随着网站的不断建设，未来将形成一定的规模。文泉书局在实现网络出版基本功能的基础上，增加了一般网站不具备的电子书翻页阅读、资源分级下载、样书推送等功能。如复旦大学出版社一方面将旧书电子化，满足读者少量购买绝版书的需求；另一方面对新书逐渐实施电子书与纸书同步出版，先是理工经管和医学类，然后扩大到外语、新闻甚至部分人文教材。华东师范大学出版社一直在尝试数字出版的多种形态，其数字出版包括数字教育、数字阅读、数字支撑 3 个项目，其中数字教育项目又分为数字产品和数字平台两个板块①。

4.3.4　要加强数字化平台建设

目前，我国的大学出版社，尤其是规模大的大学出版社在数字出版方面的平台建设已取得很大成就，为其发展注入了强大动力和支持，取得了巨大的经济效益和社会效益。以清华社为例，清华社的融合出版工作起步比较早，2010 年上线了数字阅读平台"文泉书局"；2013 年，清华社以文化产业发展专项资金支持的"智学苑"项目为核心，进行线上教学平台建设和课程资源开发；2014 年，清华社开始重点建设"书问"项目；2015 年，清华社以"会计仿真实训"项目的文化产业资金带动"智学堂"产品的开发和建设；以北京市科委科技项目"定制化出版"为基础，对"文泉书局"阅读平台进行 POD 业务升级，对"新时代交互英语"系列教材进行升级，开发"智语苑"在线英语教学平台；以光盘版《大学物理习题库》为基础，改造升级在线考试系统，开发"益阅读"互联网云盘产品替代传统的光盘介质；等等。经过数年的发展，清华社已经拥有较完整的数字教育和阅读服务线上产品矩

---

　　① 孙莹.数字时代出版社战略及经营转型与创新——以华东师范大学出版社为例［J］.传播与版权，2015（4）.

阵，可以为机构用户提供整体解决方案或为个人读者提供有针对性的服务，已有的内容资源足以支撑自有平台的运营。在建设重点平台对外提供服务的同时，清华社还组织全社编辑、发行、出版、信息中心等业务和职能部门积极进行数字化转型工作。如在原有 ERP 系统基础上升级改造编辑出版服务系统、图书印发系统和经销商服务系统，新建天猫服务系统和读者服务系统，以高效率对接外部网站，快速响应读者需求，提高内部各工作环节的流转效率。清华社多个线上平台在运营过程中与一大批互联网公司建立了广泛的合作关系，在为合作伙伴提供内容服务或特定功能服务的同时，也提升了作品和自有平台的影响力，为自有平台引流。例如，"书问"平台的导购和试读功能就与北发网、蔚蓝网、云书网、中国图书网、京东、当当等多个电商网站和出版社平台合作，短阅读服务与包括今日头条、腾讯网、网易云阅读、搜狐读书、和讯读书、京东阅读、中国图书网、当当、ZAKER 及 UC 头条等众多互联网媒体平台合作。

4.3.5　要重视线上、线下渠道建设和二者的优化组合

随着电子商务的快速发展和消费者购物习惯的改变，图书零售市场线上销售的总额及占比逐年快速增长，2015 年的线上销售额占比近 45%；2016 年线上销售额更是首次超过线下；2017 年线上销售继续保持增长势头，增幅达 14.55%，销售规模突破 400 亿元。同时，随着近年来移动互联网的快速发展，非传统模式下各类新兴销售渠道在不断崛起，例如罗辑思维等。这些渠道以其特有的营销方式，为相关专业图书在线上销售提供了更多的机会和选择，实现了精准锁定目标读者，提升并改变了传统营销工作的效率和效果，即将成为拓展图书零售市场新的生力军。在此背景下，大学出版社应抓住机遇，大力发展线上销售渠道。在这方面一些出版社已经取得了突出的成绩：2018 年，广西师范大学出版社集团线上（仅包括当当、京东、亚马逊和网易）销售码洋超过 4000 万元，同比增长超 150%；华文出版社线上发货占 42%，与 2018 年相比有所增长；长江文艺出版社线上渠道占比 38%，同比上升 5 个百分点；广西科学技术出版社线上渠道占绝对优势，同比小幅增长；厦门大学出版社线上渠道占比为 25%，苏州大学出版社线上占比约

5%，占比相对不高。2019 年上半年，湖南大学出版社线上渠道销售突破 100 万码洋，同比 2018 年增长 90%。其中，当当销售最多，各平台均小幅增长。在合作方式上，大学出版社可考虑与不同的线上内容运营商积极合作。例如，电子书产品可与亚马逊、掌阅、京东、咪咕等合作，音频产品可与喜马拉雅、懒人听书、天津广播电视台、上海童锐网络科技有限公司（口袋故事）、拓维信息系统股份有限公司（宝贝故事）等公司合作，视频课程类产品的合作伙伴可考虑一起作业网、咪咕、网易云课堂、淘宝教育等合作。

在线下销售合作方面，一方面，大学出版社要考虑与已有纸书销售渠道合作，开展新的数字业务合作，为其提供课程、习题、教学资源库、图书等数字内容和平台服务，满足机构用户对数字内容和教学服务的需求。另一方面，大学出版社积极联系开拓新的线下推广渠道，与线下合作渠道共同抓住当地院校采购数字产品（高校图书馆的电子书、数据库采购项目，以及院系的数字课程共建项目等）的机会，向各地教育主管政府部门推荐大学出版社的数字产品。

在未考虑中小学教材教辅特殊渠道的情况下，从近几年图书销售渠道的变化和整体市场的表现来看，受用户购买和阅读习惯的变化、线上渠道的快速发展等因素的冲击，线下民营渠道出现了较大程度的萎缩，全国各地民营图书批发市场、民营书店纷纷转向或关张。在全民阅读上升为国家战略的背景下，各地也相应出台了支持配套政策，部分特色民营实体书店凭借特色创新经营获得了政府支持，其发展开始出现逐步回暖的迹象。如新华书店发行渠道适应市场变化，通过合作、控股、兼并收购等方式打破区域壁垒，实现平台合作创新，在政府采购项目、重大文化工程的参与度，以及作为城市文化新地标建设等方面继续承担着中坚力量的角色。同时，在传统渠道不断发展变革的基础上，除馆配、系统团购、机场商超等特种渠道为大学出版社提供持续的销售增量外，大学出版社自营或有外来资本注入的合营实体店也不断涌现。

当前，大学出版社应在全面分析市场形势和自身图书用户需求结构的基础上，结合本社实际，根据外部市场环境的不断变化，对原有图书分销渠道进行必要的整合，形成能支持出版社整体发展战略、提高出版社竞争能力的最优渠道组合。具体来说，可以从以下几个方面着手：

　　（1）线上线下平衡发展，构建多元化的销售格局。随着网络技术的发展、用户需求和消费习惯的改变，线上渠道已经成为出版社重要的分销渠道之一。但对大学出版社来说，因其主要产品为教材教辅和学术专著，所以传统的线下销售渠道依然占据主要地位。大学出版社需要根据自身不同发展阶段的需要，确定针对两种不同渠道的分销策略，协调处理好两者之间的关系，着力使二者有机结合，实现渠道运营的良性快速发展。

　　（2）改造原有图书分销渠道，渠道下沉，增加对分销渠道的控制力。传统的以线下为主的图书渠道市场覆盖面大，为出版社的图书占领市场发挥了巨大作用。但在目前供过于求、竞争激烈的市场环境下，若分销渠道太长，出版社就难以有效地控制，效率较差，且无价格优势。基于此，大学出版社应将原图书分销渠道结构进行改造，使其尽量向扁平化方向发展，缩短分销渠道，向适合的二级市场和渠道客户深挖销售潜力，增加对分销渠道的控制力。

　　（3）渠道维护和开拓有机统一，协调推进。随着出版行业改革的不断深化，渠道市场竞争格局不断演化，在渠道变局中如何掌握更大的主动权和话语权已成为各出版社确定渠道策略时关键的一环。大学出版社面对市场渠道变化应及时调整策略，在控制风险的基础上，不断稳定完善渠道结构，同时吸收新的元素，向新市场、新空间开拓。维护、开拓渠道应坚持协调推进，一味地讲渠道维护而对渠道的变化缺乏相应的应变战略和措施，必定会受制于渠道，逐渐失去主动权和话语权。

　　（4）构建完整的信息共享平台，坚持平台共享战略。在传统的图书销售渠道体系中，渠道成员都是一个个独立的经营实体，以追求自身利益最大化为目标。在新的市场环境下，新技术条件的变化和媒体融合已成为常态，信息对接、平台共享成为当前及未来的发展趋势。因此，大学出版社应着力于构建完整的信息共享平台，坚持平台共享战略，与图书分销商实行不同环节的全方位对接，使分散的图书经销商形成一个整体，以协作、共赢、沟通、效益为基点来加强对分销渠道的控制，与渠道客户共同致力于提高图书销售网络的运行效率，各渠道成员为实现相应的目标共同努力，追求多赢。

　　（5）创新渠道管理方式。大学出版社应不断提升自身的渠道管理水平，改进管理方式，依靠自己的创新能力不断拓展市场，努力使自己成为图书渠道链条中的主导者，进一步提升自身在渠道中的控制力。同时，要积极探索新的发展模式，如以参股或控股的方式与渠道客户进行合作，加强对渠道的控制力。

（6）探索构建适合自己的数字产品的发行渠道。作为内容提供商，大学出版社目前主要是通过第三方数字发行平台和自建的数字出版平台销售自己的数字产品。随着 5G 时代的到来，移动互联网加速了传统出版向数字出版的转型，所以，尽早布局数字渠道是大学出版社应对市场变化的大势所趋。对此，大学出版社应结合自身实际，以市场需求为核心，开发数字化图书产品组合，构建适合自己的数字产品发行渠道。

4.3.6 要"引进来"，还要"走出去"

20 世纪 90 年代，一些大学出版社开始翻译并引进海外图书，虽然目标性不是特别强，但是引进图书的社会效益及市场反响都非常好。在该阶段，大学出版社主要通过书展来接触广大的国外图书，通过现场选书的方式确定引进的图书。2000 年到 2012 年这个阶段，大学出版社版权贸易的工作重点仍然是版权引进，通过引进国外的图书，与国外出版社建立业务上的联系，为出版"走出去"建立渠道。

2005 年 7 月，我国开始正式推行"中国图书对外推广计划"，并于 2007 年 3 月 7 日启动"中国图书对外推广网"，积极推广中国文化，使世界增进对中国的了解。此后，在国家"十一五"规划的推动下，政府提出了文化"走出去"战略方针及一系列关于图书版权输出的政策和措施，如新闻出版总署发布的《新闻出版业"十一五"发展规划》明确地表述了我国出版业"走出去"的目标和手段；国务院发布的《关于非公有资本进入文化产业的若干规定》提出对新闻出版、广播、影视等机构进行文化体制改革；中央颁布的《关于深化文化体制改革若干意见》提出对我国的出版界进行改革；等等。继此之后，2011 年 4 月 20 日，国家版权局根据《中华人民共和国国民经济和社会发展第十二个五年规划纲要》及《国家知识产权战略纲要》，又颁布了《版权工作"十二五"规划》，进一步提高我国图书版权贸易创造、运用、保护和管理的能力，全面提高我国版权工作的整体水平。"十二五"时期，文化"走出去"战略提出了关于新闻出版的几大工程，主要有：
（1）"经典中国"国际出版工程；（2）中国出版物国际营销渠道拓展工
程；（3）重点新闻出版企业海外发展扶持工程；（4）两岸出版交流合
作工程；（5）中国国际图书展销中心建设项目。2013 年，中国共产党
十八届中央委员会第三次会议上进一步研究了《中共中央关于全面深化
改革若干重大问题的决定》，阐述了文化"走出去"的重要性。这一阶
段，传统产业的发展与科技创新，给图书版权输出贸易的发展带来了新
的机遇和挑战。国家对图书版权"走出去"的大力扶持，为我国图书
出版机构创造了较大的竞争优势，在新时期、新政策的指导下，我国图
书版权输出贸易必将迎来一个大的跨越。

中国大学出版社一直是出版业"走出去"的积极践行者。在 2016
年"中国图书对外推广计划"年度综合排名中，前 16 家上榜的单体出
版社中有 7 家为大学出版社。2013 年，我国提出"丝绸之路经济带"
和"21 世纪海上丝绸之路"两大合作倡议。为响应这一倡议，2014 年
12 月，中宣部立项设立"丝路书香出版工程"，这一工程成为中国新闻
出版业唯一进入"一带一路"倡议的重要工程。"丝路书香出版工程"
给大学出版社"走出去"，尤其是"一带一路""走出去"带来了新的
机遇。早在 2014 年，云南大学出版社、北语社与人民教育出版社三家
申报的项目就直接入选了"丝路书香出版工程"。在翻译项目方面，
2017 年"丝路书香出版工程"全部 272 个重点翻译资助项目中就有 74
个项目花落大学出版社。在出版物数据库推广项目方面，2016 年，广
西师大社启动了"面向海上丝绸之路的汉字文化综合传播平台"项目，
重点打造反映东盟国家各类信息及我国和东盟国家交往情况记录的综合
性知识库。外研社则成立"一带一路"语言服务中心，打造从出版到
数字内容和网络平台的全方位内容资源，策划了"新丝路外语 101"
"新丝路区域与国别研究""新丝路人文经典译丛"三大系列图书，并
陆续上线"一带一路"国家语言服务中心网站和中国语言文化数据库
等数字平台。从内容到平台，大学出版社的"走出去"成果可谓全面
开花。在众多的大学出版社中，中国人民大学出版社（以下简称"人
大社"）"走出去"战略启动较早。在"中国图书对外推广计划"年度
综合排名中，人大社曾 8 年连续获得 4 次第一、4 次第二的好成绩。人

大社长期致力于打造中国学术出版国际化品牌，意识领先，布局全面，发展强劲，形成"借力国家利好政策走出去""打造精品版权走出去""创立海外分社走出去""跟着母体走出去""搭建联盟平台走出去"等模式和经验，这使得他们的"走出去"呈现出轻资本、高效益、"以软实力拉动为主"的特点①。

4.4　要重视编辑人才的培养和引进

人才永远是推动企业发展的根本动力，没有保质保量的人才作为基础，企业就不可能获得光明的发展前景，对人才的竞争就是对出版社未来的竞争。当前，出版业产业升级、供给侧改革、融合发展、提质增效、知识付费等持续发力，发展如火如荼，而所有这一切都离不开高素质编辑人才作支撑。然而，曾经备受尊重、一岗难求的出版行业面临越来越严重的"人才荒"。目前，出版行业人才问题突出表现在以下 4 个方面：一是随着 20 世纪八九十年代入职的出版中坚力量逐渐退出，人才断层的问题日渐突出；二是学术功底扎实、策划创意能力和项目执行能力较强的领军人才与业务骨干普遍缺乏；三是出版行业对优秀人才的吸引力持续下降，人才引进质量有逐年下滑的趋势；四是出版行业优秀人才有不断向高校及其他行业外流的趋势，"留不住"的情况时有发生。

开发优秀的选题、发掘优秀的作者、推广优秀的产品，需要一支实力过硬的优秀人才队伍。一支优秀的编辑和营销队伍，是推动出版社持续发展、完成出版使命的重要力量。面对日益激烈的市场竞争环境和转型升级带来的巨大挑战，大学出版社要打破发展瓶颈，实现新的突破，必须高度重视人才培养工作，根据自身情况建立人才培养机制。

从人才建设的角度来讲，大学出版社的社长几乎均由学校指定，选择余地较小。因此，选题策划、市场营销、内部管理、数字出版等一线的人才，才是大学出版社要重点开发和培养的人才。

---

① 左健，卢忆．"一带一路"背景下大学出版社"走出去"的经验与思考——以中国人民大学出版社为例［J］．现代出版，2019（1）：61-64．

第 5 章

影响大学出版社差异化发展的
因素分析

　　大学出版社要实施差异化发展战略，首先就必须分析影响大学出版社差异化发展的内外部因素。对影响大学出版社差异化发展的内外部因素进行科学、系统的分析与评价，是大学出版社制定和实施差异化发展战略的前提及基础。

　　本书采用企业战略管理中常用的 SWOT 分析法全面剖析大学出版社差异化发展的内外环境因素，通过系统分析大学出版社面临的内外环境和条件，明确大学出版社发展存在的优势和劣势、机会与威胁，从而为大学出版社制定并实施差异化发展战略提供有效的参考信息。

　　SWOT 分析法最早由美国学者海因茨·韦里克（Heinz Weihrich）于 20 世纪 80 年代初提出并被广泛应用于战略管理领域，其主旨是对自身的强势（Strength）、弱势（Weakness）、机遇（Opportunity）、威胁（Threat）进行分析，使企业在选择和进入目标市场时将其内部能力（强势和弱势）与外部环境（机遇与威胁）相适应，以便取得经营的成功。①

　　根据 SWOT 分析法，现对大学出版社的内部和外部环境进行综合分析（如表 5-1 所示）。

表 5-1　大学出版社的 SWOT 分析

S　潜在的资源优势和竞争能力	W　潜在的资源弱势和竞争缺陷
● 学校和出版社的品牌优势 ● 出版物智能资源与出版物信息资源方面具有比较明显的优势 ● 经验较丰富、专业水平较高的编辑 ● 员工对出版社的忠诚度 ● 国家税收方面的优惠政策	● 经济实力比较薄弱，大多数大学出版社发展模式单一 ● 缺乏精通市场营销和编辑策划的复合型人才 ● 缺乏合理的长期发展战略 ● 内部激励政策的不确定性 ● 缺乏切实可行的营销模式和市场策略 ● 对作者和合作商缺乏服务营销的意识

---

　　① ［美］海因茨·韦里克. 管理学：全球化视角［M］. 北京：经济科学出版社，2004.

O 面临的潜在的机会	T 潜在的威胁
• 出版社主管单位的支持（政策、资金和技术） • 政府和业务主管部门对出版业的优惠政策和出版范围的放开 • 学校品牌的提升对出版社的影响 • 出版社的转企改制 • 整体经济水平好转和国家教育政策的变化 • 与国际出版业交流合作范围逐渐扩大	• 出版集团及地方出版社的迅速发展 • 图书内容的同质化和重复出版 • 作者和供应商的议价能力增强 • 销售商的集团化和前向一体化 • 与国际交流的日益频繁，竞争也更激烈 • 企业化改革对管理者及员工思想观念的冲击 • 数字技术带来的挑战

5.1 影响大学出版社差异化发展的外部因素分析

5.1.1 宏观环境

1. 政治环境分析

政权的性质关系到政府对出版业干预的范围、原则。它通过国家的宪法、民法、《中华人民共和国著作权法》和《出版管理条例》等法律规定明确地体现出来。政权性质的稳定性决定了这些因素是长期的、稳定的、明确的，是出版社外部环境中最为重要的因素。新闻出版一直被定义为国家的宣传机器和党的喉舌，忽视这一点，出版战略就脱离了最重要的现实。与此同时，国家在宏观发展的总体思考下制定了文化产业政策，这是出版社最重要的外部环境条件。文化产业政策决定了对出版产业鼓励、引导和约束的力度，决定了对出版产业的布局和相应的财政税收等经济政策。如：出台的出版企业集团化、分销渠道向国际资本和出版商开放、文化体制的改革等重大产业政策，必将深深影响出版社的发展前景。适应文化产业政策、根据文化产业政策变化而变化，是出版社战略制定和战略调整的重要出发点和准则。

2. 经济环境分析

国家宏观经济水平的发展对出版业的影响主要有以下两个方面：（1）对出版社发展速度与空间的影响；（2）对出版社经营成本与盈利水平的影响。

我国国民生产总值（GDP）数值在近年快速增长，虽然第三产业的发展速度超过了各产业的平均发展速度，但根据有关测算，我国当前文化产业的现实购买量远远低于潜在的购买力，出版业增长速度低于GDP近年的平均增长速度。

国民经济生活中的可支配收入决定社会和个人图书的购买力，决定图书市场的潜在容量，影响出版社的发展空间。经济发展速度和财政政策又影响社会总体购买力，影响出版社的经营成本和潜在的获利能力。因此，出版社如何适应市场、降低成本，必须考虑经济环境的影响。

3. 社会文化环境分析

社会文化环境对出版行业的影响主要集中在以下两个方面：

（1）人口数量、分布和素质的影响。人口数量将直接影响图书市场容量和劳动力成本；人口分布也影响出版业布局和需求集中度的市场特点；人口素质和教育水平影响图书产品需求的层次和结构。

（2）道德价值观的影响。道德价值观涉及外部环境的各个方面，是许多环境因素存在和变化的基础。对出版业而言，涉及如何处理社会效益与经济效益的关系，如何处理整体利益与局部利益的关系，如何处理与相关行业的关系，也影响到如何调动员工的积极性等。

4. 技术环境分析

技术环境对出版社的影响是累积渐进的。一旦出现重大的技术突破，就会产生全面的和革命性的影响，根本改变企业的经营模式。由于传统的纸质图书给读者带来的特定需要的满足，在全球范围内，从整个图书出版业来看，技术环境还没有造成图书出版业的衰退，但是信息传播技术的发展改变了消费观念和消费习惯，占有了大量原来属于传统图书的潜在购买力，使出版社从行业内竞争扩展到行业外竞争。在出版行业内，电子出版、数字化出版、网络发行技术的迅猛发展，使出版生产经营方式发生了巨大的变化。所以，制定出版的发展战略必须考虑新技术的挑战。

5.1.2　出版行业

1. 专业化与品牌竞争

出版业生产和服务的专业化是形成竞争力的重要方面。兢兢业业地在这个领域做好、做大、做强，拥有高水平的著作创作群体，做出品牌，不断开拓出版新资源，降低成本，拥有一个稳定的市场，形成相对独特的优势排版，使竞争对手望尘莫及，就是出版业核心竞争力的体现。

出版业始终要把出版物的技术含量放在首位，这体现为出版物的独创性、先进性和品牌效应。出版品牌是出版物属性、内在技术含量、产品质量、名称、包装、价格、历史、声誉、广告方式和服务的总和，也是出版物可信度和知名度的集中表现，具有很强的心理定式和消费导向。

随着市场经济的发展和对外开放的扩大，我国出版业已经进入品牌竞争的时代。品牌是一个企业产品质量、企业形象、产品价值、价格、知名度、信誉度、服务水准的综合体现。优秀的品牌不仅独树一帜，而且是无可替代的。

近年来，国内一些优秀的出版企业正逐步注重塑造自己的品牌，并取得了一定的成就，如清华社的计算机图书、外语教学与研究出版社的外语图书、浙江教育出版社的青少年百科全书等。还有一些出版社几十年来一直经营着自己独特的品牌，更是我国出版业中的佼佼者，如商务印书馆的辞书和社科学术读物、人民文学出版社的中外文学读物、上海辞书出版社的《辞海》等，都是我国出版界的知名品牌。许多出版社都意识到品牌战略的重要性，也在逐步朝品牌经营的方向发展，如湖南文艺出版社的音乐图书、山东画报出版社的照片图书等。

2. 综合能力竞争

在我国计划经济时期和卖方市场时期，出版社主要发展自己的图书编辑制作能力，在计划经济体制时期，这甚至成为出版社的唯一职能，谁有好的产品，谁就有市场。在出版全球化的今天，出版企业的竞争将是全方位的，表现为一种出版企业的综合能力。光有好的产品远远不够，还必须有好的营销。要创造好的产品、好的营销，必须有高素质的人，有了高素质的人还必须有好的管理、教育、培训、激励措施。任何单一的能力都不能成就一个好的出版企业，缺乏任何一种必需的能力，也不能成就一个好的出版企业。

3. 人才竞争

现代市场的竞争，说到底是人才的竞争。人力资源的开发利用在现代企业中扮演着越来越重要的角色。人才是新闻出版的核心竞争力，这是由新闻出版行业的特殊性质决定的。因为出版行业是积累文化、创新知识、传播信息、记录历史的行业，因此每个环节上都需要精神创造。新闻出版业要实现大发展大繁荣，必须把人才建设放在最重要的位置，要下大气力培养一批出版专家、管理专家、营销专家和专业技术人才。

4. 传统出版和数字出版的竞争

数字出版发展对传统出版行业造成的冲击是显而易见的，数字出版与传统出版之间的冲突也愈发明显。其实，数字出版产业逐渐壮大已经是必然趋势，但是传统出版不可能完全被数字出版代替，同时版权是数字出版与传统出版的共同核心，因此数字出版的强大并不意味着传统出版的终结。由于控制着大量的内容资源，因此传统出版商的地位在数字出版行业仍然存在。尽管数字出版还没有危及传统出版行业的生存，但是传统出版也必须加快融合数字出版的步伐。因为随着网络内容资源的日益丰富，传统出版独占内容资源的优势可能不复存在。从传媒出版行业的发展趋势看，传统出版、发行、媒体等与新型媒体和媒介进行融合也是必然趋势。

5. 波特五力模型分析

波特教授构建了著名的"五种力量模型"，即一个行业中的竞争，远不止原有的竞争对手，而是存在着 5 种基本的竞争力量：现有同行之间的竞争、新进入者的竞争、替代品的威胁、供应商的讨价还价能力和买方的讨价还价能力。据此，当前大学出版社存在的 5 种基本竞争力量表现为：

（1）现有出版社之间的竞争加剧

集中表现为：① 出版业经历了从单一型出版向出版产业化的转变。目前，出版业正处在产业形成的初级阶段，这一时期呈明显的不完全竞争态势。一方面，参与竞争的出版企业数量众多，提供的图书和服务差异不大，可替代性较强；另一方面，出版业受国家政策保护，对民营资本和外国资本的进入控制较严，出版企业在竞争中的垄断特性较强。仅就目前来说，市场竞争并不充分，相对缓和。但是出版物买方市场已基本形成，出版业的产业结构、图书结构、价格结构、分配结构不合理的现象也日趋明显。出版业面临国内和国际两种挑战。部分规模较大、资金雄厚的出版社已把提高出版产业的集约化程度作为重点，走兼并、整合、参股、控股、交易、转让、租赁，以及建立以出版为主、其他产业为辅的出版集团化发展道路。② 出版企业结构不尽合理，两极分化越来越明显。截止到 2018 年，全国 119 家出版传媒集团共实现主营业务收入3513.7 亿元，实现利润总额 319.5 亿元，共有 21 家集团资产总额超过 100 亿元。37 家在中国内地上市的出版传媒公司实现营业收入1501.4 亿元，较 2017 年同口径增长 4.0%。在教育出版领域，中国教育出版传媒集团控股了人民教育出版社、高等教育出版社、语文出版社等出版机构，在基础教育、职业教育、高等教育资源开发和整合上都优于大学出版社。全国大型出版传媒集团、地方性出版发行集团从全国和地方市场分别发挥优势，通过资本运作的方式，迅速完成对区域图书出版、发行市场的重新整合，进一步加剧出版发行市场的垄断。③ 国内出版企业竞争加剧。当前出版业之间的竞争愈发激烈，这种竞争主要表现在三个方面：第一，同类出版企业之间的竞争。以教材为例，同质化现象非常严重，同一个专业，每年使用的教材选自不同的出版社，而教材内容大同小异。第二，国有出版企业和各准出版企业之间的竞争，即出版社与各种文化公司、图书工作室，以及兼并和整合出版社的新华书店之间的竞争。第三，地域辖区之间的竞争。由于各省、直辖市、自治区的出版社分布极不均衡，图书品种、业务类型也基本相同，因而交易费用不断上升、人力资源大量浪费、低水平重复出版和折扣战等问题愈演愈烈。

（2）新进入者的竞争增加

目前，我国出版产业进入的主要壁垒是国家出版产业政策。出版业受国家保护，国有出版企业在竞争中的地位是不可动摇的，非国有资金（包括民营资本和国外出版集团）进入中国出版产业尚需时日。但是，随着经济全球化的发展，我国出版市场正逐步放开。

各类准出版企业，是指与出版社联合出版、合作出版或以其他方式合作的各种文化公司、图书工作室等。近年来出现的诸多"图书工作室"、文化公司等则直接进入出版业的核心业务，即图书出版。从出版产业的发展来看，这是好的发展趋势，当某一产业的利润率高于社会平均利润率时，社会资本就会以各种方式蜂拥而至，直接威胁着现有出版社的生存和发展。

中国加入世界贸易组织后，出版业等文化产业对外开放已是大势所趋。2003 年中国对外开放图书零售业务，2004 年图书发行批发业务也开始向外资开放。越来越多的外资出版企业进入中国：德国贝塔斯曼、英国 DK 公司、加拿大汤姆森公司、英国培生集团、德国施普林格、荷兰爱思唯尔、日本讲谈社等世界出版业巨头分别在北京、上海等地建立了代表处或办事处。

（3）数字出版对传统出版的影响越来越大

随着数字出版技术的快速发展，数字出版给我国传统的出版行业带来了极大的冲击。数字出版这种模式把互联网、无线移动、在线支付等技术纳入一个体系中，它的内容和产品形式非常多样化。像电子期刊、电子图书、数字报纸、在线小说、在线音乐等，都是数字出版的产品范围。当前，数字出版被誉为"出版行业的第四次革命"，是活字印刷术、机械印刷术和胶片技术之后的又一次技术变革，并且这次变革比前三次的出版技术所造成的影响更大，影响也更加深远。

（4）作者的话语权越来越大

从产业链上看，出版业供应方有作者、出版经纪公司、提供纸张等介质及印刷设备的厂商等。其中，作者为出版社提供了智力上的支持，是出版社最重要的供应商。没有作者，就没有创作的原稿，出版社也就难以进行编辑、出版、印刷等一系列生产。但是优秀作者资源较为稀缺，优秀作者，特别是知名作者，是各家出版社重点争夺和培养的对象。

（5）购买方个性化需要日益凸显

一个国家的图书品种与印数往往反映了一个国家文化、科技的发展水平。通常而言，图书品种越多意味着文化科技的发展越快，意味着人民的文化需求越旺盛。据学者郑也夫的研究，我国曾在 1000 多年中持续保持图书品种占世界第一。但自 15 世纪中叶以来，我国图书品种增长缓慢。1600 年，欧洲各国拥有的图书是 125 万种，中国拥有图书 1.4 万种，前者是后者的 89 倍。到了 1900 年，包括欧洲国家在内的西方的图书种类达到了 1125 万种，中国是 12.6 万种，同样是 89 倍。更不用说，在这一过程中，西方图书反映的是工业革命以来科技、政治、文化等领域的新知，而我国图书仍局限于传统的经史子集。我国用了 500 多年的时间才又重新回到世界图书种类最多的位置。这一成就是近代以来几代中国知识分子和出版人不懈奋斗的结晶，是党的正确领导和改革开放伟大时代所创造的奇迹。

2018 年，我国出版图书超过 50 万种，其中新书超过 25 万种。但是要看到，教育类图书约占品种的 20%，但其印数却占总印数的一半。除去跟风出版图书、雷同书、重印书、毫无市场需求等的图书外，真正可供读者选择的品种少之又少。况且如今是一个多元文化并存的时代，读者的个性化需求越来越旺盛，当出版市场无法满足读者的需要时，他们只能选择离开。

5.2 影响大学出版社差异化发展的内部因素分析

5.2.1 产权单一化现状短期难以改变

在现代产权理论中，产权制度是各项市场制度的基础。大学出版社产权制度创新是大学出版社深化改革的一项基础性任务。大学出版社在改制之初对产权的多元化充满了期待，这种期待源于某些经营性传媒机构改制的刺激，这些机构由原先单一产权的企业改制为股份制企业。尤其是那些发展较好、企业化程度本身较高的大学出版社，它们看到了某些经营性的传媒机构通过改制吸纳民间资本或进行资本重组实现大步发展的现实，从而也跃跃欲试。然而，截至 2019 年年底，大学出版社产权单一的问题还是没有得到根本解决。

　　不少人对产权问题存在误区，认为大学出版社的产权不明。实际上，大学出版社的产权一直都很明确，那就是国有单一产权。大学出版社作为事业单位时，实行国有单一产权无可非议。因为事业单位本身就致力于公益事业，应由国家单方出资。大学出版社进行改制转为企业的初衷是让大学出版社真正成为市场竞争的主体，在市场竞争中赢得良好的发展。国有单一产权，对于一个欲做大做强的企业来说，是不能够扩宽融资渠道的。大学出版社不管实力多么雄厚，也不能上市，更不能吸纳民间资本。打个比方来说，大学出版社好比是牛，牛只有吃更多的草才能更强壮。国有单一产权像是一圈篱笆，把牛圈在里面进行圈养，牛只能在篱笆内吃草，而不能四处找食。改制就是为了放活那些发展良好、企业化程度高的大学出版社，但是单一的国有产权还是将这些出版社拴得很死。国家坚持大学出版社的单一产权是有一定原因的。国家最大的担忧就是一旦其他资本参股，大学出版社就会偏离它的使命，转向商业利益。这种担忧是有必要的，任何一种资本的介入都带有收益的预期。除国家资本以外的其他资本很难做到完全为国家公益服务。2004年全国闹得沸沸扬扬的"三联风波"就说明了这一点。生活·读书·新知三联书店是我国一家历史悠久、格调高雅的出版社，它的历史可以追溯到 1932 年生活书店的创办。三联书店几十年的风雨发展路途中，曾走出了一大批在中国历史上留下了光辉印记的人物，如邹韬奋、李公朴、徐伯昕等。三联书店具有良好的文化传统，以出版社科类读物为主，出版物的知识性和专业性很强，读者群以中等以上知识分子为主。从某种程度上来说，三联书店在中国并不仅仅是一家老牌出版社，也是一种文化精神的象征。在市场经济大潮的初期，20 世纪 80 年代的三联书店抗拒了经济利益的诱惑，牢牢坚持三联书店的格调与品位。2003年，国有出版社三联书店开始与民营图书公司合作。在当时总编辑兼总经理汪季贤的领导下，三联书店做出了一系列与三联传统严重不符的举动。受经济利益的驱使，三联书店开始大量出版教材教辅类图书。为了攫取更高额的利润，三联书店竟然无视国家的相关规定，公然一号两刊发行《读书·中国公务员》和《三联财经竞争力·人力与财富版》杂志。这两本杂志更是为了迎合当时部分国人的浮躁心理，杂志格调和学术水平都很低。三联书店的违规操作和媚俗出版引起了出版社内部和社会知识分子的不满。2004 年，三联书店一号两刊的违规操作经媒体曝光后，全国出版界掀起了有名的"三联保卫战"。三联书店员工采用发表公开信的形式、老一辈的专家学者采用著文回忆三联传统的形式，来共同捍卫三联书店这个精神家园。最后，"三联风波"以原总编辑兼总经理汪季贤的调离、三联文化传统的回归而收场。三联书店不同于大学出版社，但是二者都具有共通的使命，都是为了社会文化的传承与创新服务。对"三联风波"的评析，不应局限于一城一池的范围里。"三联风波"对国有出版社来说是个沉痛的教训，对于大学出版社来说是个犀利的提醒。其他资本一旦介入大学出版，大学出版社就不得不面临价值取向偏离自身使命的风险。国家坚持大学出版社的单一产权正是基于这样的考虑。

但是，坚持单一的产权对于大学出版社的长远发展来说也是不利的。除了企业难以扩宽融资渠道之外，单一产权的另一弊端就是，改制后的大学出版社仍然摆脱不了所属大学变相二级单位的地位。学校依然是大学出版社唯一的"出资人"，大学出版社在许多事情上仍然要听命于所属大学，原本希望通过改制而解决的问题在转企之后仍有可能存在。此外，没有其他资产的参股，大学出版社还是会陷入对国有资产不够积极负责的疲沓状态。国家对大学出版社投入国有资本就是为了让全民享受到出版自由。但是国有资本常常在现实中陷入人人都要对其负责，但没有人真正为其负责的怪圈。有些高校对所属大学出版社无节制地索取，也助长了大学出版社从对国有资产的挥霍中获得心理平衡的气焰。从办公经费到编录费用、印刷费用、销售费用、保管费用，都存在着浪费现象。在原来的组织架构中，编辑和发行部门各自为战，部门之间资源不能共享，也在无形之中增加了出版社的生产成本。其他资本假如能够介入，大学出版社的产权结构就会发生变化，其他资本有着很强的利益诉求，这有助于国有资本走出怪圈。产权单一的瓶颈表现在企业的法人治理结构上就是成立股东大会，这对于我国大学出版社的实际情况来说是没有必要的。因为转企后我国的大学出版社全部都是国有独资公司。就目前的情况来看，转制后的大学出版社还没有实现产权的多元化。学校作为出资人，既可以直接领导出版社，也可以成立专门的资产管理公司来领导出版社。在实践中，清华大学就成立了产业领导小组来履行股东大会的职能。

有学者曾提出改制后实现大学出版社产权人格化的问题，即允许员工持有出版社的股票，将员工收入与出版社经营状况挂钩。这种观点认为，产权激励是对人力资本的首要激励，是最具激励效应的途径与方法，是长期激励的一种有效形式。人力资本产权激励就是要在一定程度上实现产权人格化[①]。这不失为调动员工积极性的好办法，但从目前来看，这种产权激励办法是不可能实现的。

产权问题是个大问题。新闻出版业具有意识形态的特殊性，任何不正确的举动都可能"牵一发而动全身"，带来社会思想的混乱，并会引发难以预料的后果。本书认为，大学出版社作为出版业的一个重要分支，其地位与作用是其他出版业难以取代的。但是坚持国有单一产权，从长远来看，的确不利于大学出版社的发展。大学出版社单一国有产权的问题在今后的实践中应会逐步得到解决，这需要国家未来政策的调整，大学出版社不应过于着急。

5.2.2　与母体大学发展目标契合度不够，与学校的关系需进一步梳理

大学出版社改制后，学校与出版社在关系上出现了疏离的倾向。这在一定程度上是正常的现象，但绝对不能放任这种倾向的发展。校社关系的离合存在着一条不宜逾越的红线。

之所以说这是种正常的现象，是因为改制本身就是为了给出版社松绑。在改制以前，事业单位体制下的大学出版社受学校束缚太死。学校应对大学出版社履行监督管理的职责，但是这种职责应该体现在方针制度等大的方面。实际上，学校对大学出版社的干预几乎遍及大学出版社工作的各个方面，大到人事、财务，小到住房、水电等，该管的、不该管的全都管了。出版社每做出一项大的决策都要上报学校批准。对于那些发展良好的大学出版社来说，这是进步道路上的严重累赘。对于有些

---

①　蔡翔 . 当前高校出版社深化体制改革的几个问题［J］. 大学出版，2009（2）.

本身发展不是太好的大学出版社来说，这是造成"穷者愈穷"马太效益的重要原因。有些惰性极强的大学出版社恰恰利用了学校对其的强管制，事事都不操心，事事都推给学校做决定，盲目粗放出版，然后将出版物的销售任务都推给学校。改制后，学校与大学出版社之间出现一定程度的疏离倾向，对发展良好的出版社来说这是"松绑"，对于那些发展不好、惰性较强的出版社来说这是"断奶"。需要指出的是，在大学出版社转制之前，出版社和大学是"母与子"的关系；在转制之后，"母与子"的关系将会逐渐地弱化并演变为"皮与毛"的关系。毛必须依附于皮才能生长，所以大学出版社与大学的关系任何时候都不能割裂。

学校与大学出版社之间关系的疏离有一个限度，这个限度的红线就是大学出版社绝不能背离自己的使命。前文我们已经着重论述过大学出版社改制应以大学出版社的使命为立足点。大学出版社的使命就是服务大学的教学与科研，使社会文化得到更好的传承与发展。大学出版社转企后，应该按照市场经济的运作规律去运作，但要始终践行自己的使命，任何时候都不能偏废。校社关系问题可以简单地归结为大学出版社的社会效益与经济效益的关系问题。校社关系的离合实际上就是大学出版社将社会效益或经济效益放在首位。企业有着逐利的本性。转为企业后的大学出版社要自负盈亏，为了自身生存与发展的需要，不得不关注自身的经济效益。要提高经济效益，就需要迎合市场的需求去生产有市场的商品。但是大学的学术成果并不一定在市场上"叫好叫座"，而有些不能"叫好叫座"的学术成果恰恰在人类文化的传承与创新上具有重要的意义。大学出版社不能仅仅将目光投向销售码洋，更应该放眼未来，将社会效益放在首位。

为了使大学出版社能够更好地履行自己的使命，在董事会的设置上，业界和学界普遍看好由大学主管副校长兼任大学出版社董事长的做法。这是因为大学出版社不同于一般的商业出版社，不能以追求利润的最大化为唯一目标，必须为学校的教学科研工作服务，这就需要大学加强对大学出版社的领导，加强对大学出版社出版方针的指导。但是这一做法却得不到政策的认可。根据教监〔2008〕15号文件《中共中央纪委教育部监察部关于加强高等学校反腐倡廉建设的意见》的规定，校领导不能兼任学校经营性资产的领导①。大学出版社是学校的经营性资产，所以大学主管副校长不能兼任大学出版社董事长。这的确给大学出版社维持良好的校社关系出了极大的难题。大学出版社董事会中校领导的缺位，会留下出版社发展偏离定位的隐患。从出版社自身的利益来说，没有校领导兼任出版社的领导也妨碍了校社关系的协调，不利于出版社向学校争取于己有利的资源。本书认为，既然在宏观层面上难以协调校领导不能兼任出版社领导的矛盾，那就在微观层面上采取补救性的改进措施。大学出版社在制定公司管理章程时应考虑加入关于本校学术出版的最低限度的条款，如大学出版社必须为主办高校的学科建设、教学科研服务，要将这个最低限度设定在满足学校的学术发展需要和出版社可以接受的范围之内。另外，董事会在聘用经营管理人员时，也要加强对管理层的考核，挑选那些能够准确把握大学出版社使命的人才来充实管理层。

5.2.3　出版人才断层、流失严重

改革从本质上来说就是将原有利益格局打乱后重新洗牌。大学出版社大多数成立于 20 世纪 80 年代末 90 年代初，虽然在文化体制改革的大背景下完成了转企改制，但最初的人员全部是从高校派遣过来的，目前是事业编制、非事业编制、劳务派遣和临时工混存，内部员工关系复杂，存在冗员和人才缺乏并存的局面，队伍建设存在诸多问题。

大学出版社改制的瓶颈之一，就是如何解决既得利益阶层——事业编制员工的安置问题。在这个问题上，出版社人事制度改革应该遵循"帕累托最优"的原则，既要让聘任制员工的利益得到满足，又不能让事业编制员工的利益受到损害。

国家的指导意见是实行"老人老办法、新人新办法"的过渡性策略。出版社全员转制为企业编制，原有在编人员在退休后享受事业单位退休待遇，原聘任制员工在退休后享受企业养老待遇②。这个策略较好

---

① 《中共中央纪委教育部监察部关于加强高等学校反腐倡廉建设的意见》，教育部 2008 年发布。

② 参见《高等学校出版体制改革工作实施方案》，教育部、新闻出版总署于 2005 年联合发布。

地协调了制度调整所带来的部分利益受损的问题。全员转为企业编制打破了原有聘任制员工身份"低下"的局面，因而能得到聘任制员工的普遍欢迎。但是对于原有事业编制员工来说，放弃多年来的事业编制的确很难。对此，国办发 114 号文件规定："对转制时距国家法定退休年龄 5 年内的人员，在与本人协商一致的基础上，可以提前离岗"，"转制时提前离岗人员离岗期间的工资福利等基本待遇不变，单位和个人继续按规定缴纳各项社会保险，达到国家法定退休年龄时，按企业办法办理退休手续"。[①]

这项安排带来的一个不利后果，就是大学出版社人才的流失。新生中坚力量还没有形成之前，一定时间内大学出版社存在着人才断层。从试点经验来看，一些具有多年工作经验、专业技能扎实的原事业编制人员，为了保有事业编制福利待遇而选择了提前离岗或退休。虽然事业编制员工在大学出版社里所占的比重很小，高素质的事业编制员工更是少之甚少，但这一小部分人却是多年以来支撑大学出版社不断向前发展的核心骨干。出版行业是一种智力密集型行业，对从业人员的专业技能要求很高，并不是任何一个懂经营善管理的人才都可以成为大学出版社的骨干的。前文所提到的三联书店，总编辑兼总经理汪季贤的个人才能与作风就是"三联风波"的重要诱因。这位总编辑连杨绛是谁都不知道，当别人告诉他杨绛就是钱锺书的夫人时，他能想到的就只有陈道明演的电视剧《围城》。就是这样的门外汉带领三联书店误入歧途。当然，汪季贤的例子只是个例，但它也以惨痛教训告诉我们对出版业来说专业人才有多么重要。我国的大学出版社在发展过程中，已经形成了在实践中不断学习、不断提高专业技能的优良传统。高技能人员的流失，会在不同程度上造成出版社的"人才断层"。这种"人才断层"的存续期长短又是不定的，要视后备人才的学习能力和勤奋程度而定。近段时期只要打开人才招聘方面的网站，总能看到大学出版社"招兵买马"的信息。这对于大学出版社来说应该是件好事，因为有许多具有较高知识背景、具有工作激情的"新鲜血液"输入。但是它也从侧面暗示了大学出版

---

① 《关于文化体制改革中经营性文化事业单位转制为企业和支持文化企业发展两个规定的通知》，国务院办公厅 2008 年发布。

社存在着一定的人才流失，这部分流失的人才往往是支撑了大学出版社几十年发展的中坚力量。此外，转企改制后，不少原事业编制员工为了保留原有事业编制的待遇，往往倾向于提前离岗或退休。他们认为，在离岗期间可以享受原有的工资福利等待遇，还能趁着自己未年老体衰之际开发事业的"第二春"。高技能人才的流失也不利于新录用人才的培养。编辑工作是项需要多年积累与历练的工作。我国的出版社已形成了老编辑帮助新编辑学习进步的传统。资深老编辑的离岗会让新编辑在一段时间内摸不着门路。营销工作也因大学出版的特殊性而具有专门的营销要求，即便是名校毕业的高学历营销人才也不一定能像老营销人才那样得心应手。高技能人才的提前离岗或退休，不但是大学出版社人才的流失，也是新录用人员学习机会的损失。本书认为，留住高技能的骨干人才对于企业制度下的大学出版社来说也是有可能的。转企后的大学出版社实行全员聘任制，这也就意味着对员工的管理从"身份管理"转向"岗位管理"。全员聘用制并不仅仅是用工形式的改变，也是分配机制的改变。每个岗位按照职责范围、工作强度的不同，报酬水平也不同。在事业单位体制下，大学出版社往往存在着"因人设岗"的怪现象。在企业制度下，大学出版社要严格按照公司章程定岗定员。员工按照自身能力的高低，实行竞聘上岗。原有事业编制人员中具有较高专业技能的人才在岗位竞争中自然具有较强的竞争力。转企后的大学出版社要建立完善的激励机制，以此挽留那些原事业编制的高技能人才，让他们在合适的岗位上既能充分发挥个人的才能，又能享受较高的工资福利待遇，解除他们的后顾之忧。

人才是企业的核心竞争力，是企业的核心生产力，一个好的骨干人才可以凝聚一个团队，带动一个企业。然而，人才梯队的培育并不是一蹴而就的，需要企业久久为功，持之以恒地去抓、去坚持。目前的情况是，大学社由于原来事业单位的惯性思维，导致外部人才引不进来、留不住，企业不注重内部人才的培养，没有培养规划，任其发展，造成了人才特别是骨干后备人才短缺。

5.2.4　大学出版社企业管理制度普遍不科学、不合理

在转制之前，大学出版社基本实施"事业单位企业化管理"，其相

关的规章制度一部分直接来源于学校，一部分根据实际工作需要自行制定。随着转企改制的完成，除了与"老人老办法、新人新办法"相关的人事政策（档案政策）、党的各项政策可参照学校之外，其他无一例外都需要修改、补充和重新制定。按理说，企业改制是一次系统改革的最好时机，此时待改制企业应该聘请专业咨询公司入驻，在充分调研论证的基础上，协同对本单位组织结构、人员结构、产品结构、资产结构等进行调整，同时制定符合企业现状及未来发展所需的薪酬制度、绩效考核激励措施等政策。事实上，大学出版社在转制时，基本上就是一名副职领导带着办公室或相关行政部门人员，按转制条例，在网上搜索相关资料，需要什么准备什么，稍好一点的由领导带队到先行试点的兄弟单位调研一下。就这样，转制完成了。

据了解，除了首批部分试点单位，如华东师范大学出版社在转制时聘请了专业咨询公司之外，其他这么做的出版社并不多。从调研的情况来看，每家大学出版社都有数十部规章制度，而且根据其事业发展情况，仍在不断地增加和修订。这些制度很多是针对某一个具体项目制定的，在运行一阶段以后，虽有调整，但并没有进行系统研究，更没有大规模与相似、相近的规章进行整合、优化。很多规章制度都是原则性条款，在具体执行时往往找不到责任人。遇到某一任务时，经常需要以协调会的形式处理。需要追责时，会发现该事件与人人相关，又无法说出具体应由哪一个岗位承担责任，责任又有多大。

几十年来，出版社都将编辑部门和营销部门作为最核心的部门来对待，所有的政策都是以有利于编辑和营销工作为导向。这就导致很多规章制度在编辑和营销部门眼中是绿色的，是不需要严格遵守的，因为对他们的考核一切以结果说话，也就是年终任务完成了，一切都可以忽略不计。而对服务部门来说，因为上游没有一个明确的工作计划，要其在下游制订高效的生产计划就非常困难，结果是日常工作应付多，来什么就想尽一切办法安排，只要能按时完成，就算谢天谢地，至于质量，过得去就行。

现在出版行业面临的竞争越来越激烈，多数大学出版社都拥有自己的一套规章制度，也摸索出了一套适合自己的灵活运作方式。这种"小而灵"的工作机制对一个小企业来说可能还不错，但对一个希望将企业做强、做大的经营者来说，一切存在即便有其合理性，可其合理性并不代表高效性，企业日常运行必须规范、高效。优秀的企业经营者必须对各项管理制度进行深入研究，优秀的企业一定要具备一套完善、可持续优化的管理机制。

5.2.5　融合发展困难重重

绝大多数出版社或多或少都在探索数字出版之路，大学出版社相比地方出版社，优劣势同样明显，其劣势是很难从政府机关拿到合适的资源，但其依托母体大学的优势学科，则极有可能打造一款具有自己特色的数字出版产品。像哈尔滨工业大学出版社利用其数学学科已具有出版 500 多个品种的强大优势，正在打造"数学数字出版综合应用一体化平台"，建成后可向用户提供电子商务、数学知识导航、数学知识检索、在线学习、在线题库、在线互动及个性化定制等服务。清华社的"智学苑"数字教学服务平台，不仅可以为学生提供纸上的知识，还能提供教学管理支撑。虽然这此数字产品客户大部分为机构客户，离全面市场化需求还有一定距离，但毕竟已迈出一大步。

目前，大学出版社在融合发展方面还存在诸多困难，这些困难集中体现在以下几个方面：

（1）人才缺乏，编辑转型迫在眉睫。当今网络时代，数字出版的发展日新月异，对人才的要求也越来越高，传统的纸质出版编辑和营销人员已经无法胜任数字出版的要求和需要。大学出版社一方面需要加大对出版社现有人才的培养和培训，另一方面需要引进数字出版方面的专业人才。

（2）大学出版社对纸质出版物的依存程度较高，技术能力与资金实力偏弱，体量、规模不占优势，核心竞争力不足。

（3）目前大学出版社出版的融合产品普遍存在形式单一、内容匮乏、交互性差、体验感弱的缺陷，与丰富的线下需求不成正比。

（4）大学出版社在融合发展中所面临的关键问题，即传统出版与数字出版中的著作权授权分离问题，需要特别加以重视并设法解决。

（5）大学出版社金字塔式的组织力量在出版融合的趋势下，容易显得分散、反应迟缓，易产生职能越位、错位、缺位，很难适应出版融合新形势下的变化需求。

目前，我国数字出版主要包括以下 7 种模式，即电子书出版模式、手机出版模式、数据库模式、教育出版模式、自媒体出版模式、众筹出版模式及 VR 出版模式。其中，盈利点主要在网络游戏、手机阅读和网络广告 3 个方面。2018 年，数字出版实现营业收入 8330.78 亿元，较 2017 年增加 1259 亿元，增长 17.8%，占全行业营业收入的 30.83%，提高 7 个百分点；对全行业营业收入增长贡献率达 69%，提高 2 个百分点，增长速度与增长贡献在新闻出版各产业类别中继续位居第一，已成为拉动产业增长"三驾马车"之首。这 7 种数字出版模式的构建，实际上都是关于媒介和载体形式的更新换代，而其本质依然是内容，只有把握住内容，才可能在版权自主、产品建设、渠道拓展方面有所创新和突破。因此，大学出版社虽然面临着重重压力，但依托所在高校的学科优势，出版特色鲜明，内容资源和受众群体相对集中，可以通过项目拉动，搭建数字平台，构建专业数据库，挖掘教育资源价值，提供数字服务，转变思维，积极进行资本运作和多元经营，成为具有互联网思维的内容提供商和知识服务商，真正满足读者和作者的服务需求。大学出版社只有在众多方向和产业链中研究适合自身的特色和资源，及时借鉴各类传统和新型出版企业的成功经验，找准市场定位，实施品牌战略，集聚优势资源，加快生产流程与管理机制的创新，整合人才队伍，融合科技力量，坚持特色化发展道路，才能真正实现出版融合发展。

5.2.6 大学出版社主题出版能力不足

从 2003—2017 年大学出版社入选国家主题出版项目统计分析来看，近 15 年来大学出版社在主题出版方面呈现出以下特点：（1）入选总量偏少。2003—2017 年，中宣部共评选出 1612 个选题（包括图书和电子音像产品）列入国家主题出版重点选题，其中大学出版社入选 133 个选题，占比 8.2%。全国 585 家出版社中有 110 家大学出版社，大学出版社占比约 19%。大学出版社入选国家主题出版项目的比例与大学出版社数量并不相称。（2）入选选题多为学术性较强的研究成果，与其他入选项目相比，其学术底蕴比较深厚，选题比较严肃。（3）入选选题集中度高。在历年入选的 133 个选题中，人大社和北大社各有 25 个选题，北京师范大学出版社入选总数为 9 个，其他则比较分散。

　　大学出版社主题出版不足的原因主要在于，大学出版社在考虑社会效益的同时，需兼顾经济效益，主题出版实际盈利水平对大学出版社吸引力不强。出版社转为企业后，普遍纳入国有资产保值增值的考核体系，经营压力空前增大。为了完成经济指标，从出版社到编辑个体都必须将更多的精力投入到开拓市场、创造效益上，力争让每一个品种的推出、每一种资源的消耗都物有所值。也就是说，与之前相比，出版人的经济理性更强，对社会效益、经济效益的考量，对如何保证有限出版资源的投入能获得最佳的效益，会更切实际、更合乎理性地进行安排。如果所策划推出的主题出版物能够实现社会效益、经济效益的双丰收，那出版社和编辑都皆大欢喜；如果社会效益明显而经济效益稍差，出版社尚有动力，可实行社内补贴的办法，让编辑愿意做；一旦既无明显的社会效益（评不上奖或不能列入主管部门的重点出版计划），又不能带来经济效益，那么从社里到编辑个人都不愿意做。一般性的主题出版物，恰恰是后者居多，这自然而然地导致了大学出版社策划、出版主题出版物的积极性不高。总之，以上这些因素，使不少大学出版社对主题出版工作考虑不多，自觉性不高，往往是上级主管部门来通知就抓一阵子，或选题遇上了做一做，多数属应景之作，主题出版在出版社众多选题中仅起点缀作用，数量与质量都不能令人满意。

5.2.7　大学出版社营销模式亟须创新

　　大学出版社目前主要还是通过新华书店、民营书商等传统的销售渠道和销售模式来销售图书，但是传统的图书销售普遍存在低效率、低时效、低体验、低利润、高库存、多次运输、退货率高等多种问题。随着互联网和电子商务的发展，图书销售的渠道和模式发生了翻天覆地的变化，线上销售占比逐年增加。以 2018 年为例，2018 年中国图书零售市场码洋规模达到 894 亿，同比上升 11.3%。其中，实体店下降 6.69%，码洋规模达 321 亿元；而网店增速为 24.7%，码洋规模达 573 亿元，占比 64.09%[①]。但是，尽管当前范式和生态发生了结构性变化，互联网发展到了 5G 时代，但如何快速把产品传递到用户，我们仍然处于传统

---

① 《2018 全球背景下的中国图书零售市场》，北京开卷信息技术有限公司 2019 年 1 月发布。

的信息传递模式（图 5-1），出版社与电商之间并没有因为互联网的变革形成新的工作和经营关系。

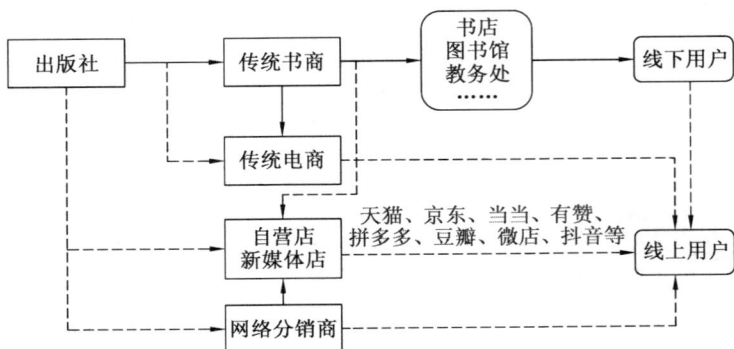

图 5-1　传统的信息传递模式（单向传递）

目前出版社在线上销售方面最常见有两种业务模式：

（1）出版社与传统电商（当当、京东、博库、文轩、民营电商等）。

（2）出版社自营店（即通过平台商开旗舰店，以天猫图书、当当、京东、拼多多、有赞微店、抖音等为代表）。新媒体发展而来的电商类型，优势在于客户群细分，客户画像准确，营销精准度高，符合当下人群的购买习惯，成交率高。

未来，出版社应加大信息化建设力度，互联互通，构建出版社与电商新生态（见表 5-2），建立电商分销一体化运营平台（见图 5-2）。这种新生态的特点将会是低成本、高效率、高体验、高利润。

表 5-2　出版社与电商新生态

新生态特点	未来发展趋势
扁平网络化	传统发行的多级分销，产业链更趋扁平化；消费者通过"在线与连接"加入交易网络；B2C/B2B2C 业务占比将超过 B2B 业务，B2C 数据库成为核心资源
去中心化	传统分销金字塔将逐步解体或裂变；电商大平台自营转型，向开放平台蜕变（当当、京东等）；开放平台分销不断升级，线上线下一体化新零售崛起；垂直电商（专业电商）崛起
去库存化	多平台店铺的商品库存共享，实现平行分发；出版社旗舰店与平台网店共享库存（云仓库）和 C 端数据共享；预售模式和 POD 定制业务，零库存销售模式

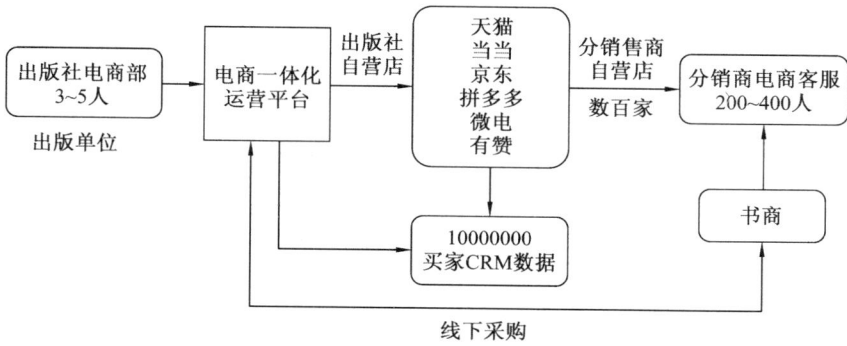

图 5-2　出版社电商分销一体化运营平台

第 6 章

大学出版社差异化发展战略的
有效实施

大学出版社实施差异化发展战略既是出版外部因素影响的结果，也是大学出版社内部发展模式变革的必然需要，更是大学出版社在与内外环境因素博弈中提升核心竞争力的战略选择。差异化发展战略的有效实施关系到大学出版社发展目标的实现，通过有效实施差异化发展战略，大学出版社在激烈的竞争中可以化被动为主动，充分发挥优势，规避风险，更好地把握发展主动权。大学出版社差异化战略的有效实施关键要把握差异化战略的制定、选择、执行和评价 4 个环节，做到在战略制定上确保可行，在战略选择上实现最优，在战略执行上保证有效，在战略评价上力求优化。

6.1　大学出版社差异化发展战略的制定

战略制定是战略有效实施的重要环节和前提基础，战略制定的好坏直接影响战略实施效果的好坏。大学出版社差异化战略实施的过程就是凝聚大学出版社各方力量、考虑影响大学出版社发展的各方因素、求同存异的过程。战略制定主要涉及因素分析、原则确定、目标定位等内容。

6.1.1　影响大学出版社差异化战略制定发展的因素分析

在制定大学出版社差异化发展战略的过程中，需要运用外部因素评价 EFE 矩阵（External Factor Evaluation Matrix）和内部因素评价 IFE 矩阵（Internal Factor Evaluation Matrix）收集和整理内外因素分析中所确定的主要影响因素，并根据其重要性赋予不同的权重。

外部因素评价矩阵主要是方便大学出版社战略制定者归纳、评价和研判影响大学出版社战略实施的经济、政治、政策、社会、文化、法律、技术等外部因素方面的信息。建立外部因素评价矩阵一般有 4 个步骤：第一步，列出确认的外部因素，因素总数在 10～20 个之间，因素包括影响大学出版社和出版领域的各种机会与威胁。首先列举机遇，然后列举威胁。因素列举要尽量具体。第二步，赋予每个因素不同的权重，权重的数值由 0.0（不重要）到 1.0（非常重要）。权重标志着该因素影响大学出版社发展战略的相对大小性。确定恰当权重的方法包括对成功的竞争者和不成功的竞争者进行比较，以及通过集体讨论而达成共识。所有权重的综合必须等于 1。第三步，对各个关键因素进行评分，分值范围为 1～4 分，"4"代表重大机会，"3"代表一般机会，"2"代表一般威胁，"1"则代表严重威胁。第四步，计算加权分数。用每个因素的权重乘以它的评分，得到每个因素的加权分数，然后将所有因素的加权分数相加就可以得到该大学出版社的总加权分数。无论 EFE 矩阵包含多少因素，总加权分数都是从最低的 1.0 分到最高的 4.0 分，平均分为 2.5 分。若大学出版社的总加权分数为 4.0 分，则说明该大学出版社面临的有利机会多，有效地利用了当前的机会，并将外部威胁产生的不利影响降到最小；如果总加权分数为 1.0 分，则说明该大学出版社目前面临众多严重威胁和挑战，没有较好地利用外部资源有效地规避发展中的风险。表 6-1 是某大学出版社外部因素评价矩阵。

表 6-1　某大学出版社外部因素评价矩阵

影响大学出版社发展的关键外部因素		权重	评分	加权
机遇	国家对出版行业的政策扶持力度加大，当前出版行业政策导向明晰，为出版社的发展营造了较好的政策环境	0.05	3	0.15
	国家全面深化教育领域综合改革，教育的需求不断扩大，将为出版社今后的发展带来许多新的增长点	0.15	4	0.6
	新技术的发展为出版社向多元化发展提供了更大的空间	0.10	4	0.4
	国家大力引导和支持数字出版产业的发展，数字出版市场发展空间巨大	0.05	3	0.15
	国家高度重视全民阅读工作，将引导全民阅读行为上升到法律高度，这为出版业的消费市场需求增长带来了一个新的春天	0.05	3	0.15

续表

影响大学出版社发展的关键外部因素		权重	评分	加权
威胁	国家鼓励非公有制文化企业发展，允许社会资本参与对外出版、网络出版，同时支持民间资本参与出版经营活动，参与出版竞争的主体不断增多	0.20	1	0.2
	网络书店经营规模不断增大，其议价能力提高，在较大程度上对图书出版造成冲击	0.10	1	0.1
	数字出版、网络出版物及手机多媒体等替代品的增加，对传统纸质图书市场带来很大的冲击	0.05	2	0.1
	数字出版的盈利模式还没很好地形成，数字版权保护的法律法规还不完善，盗版现象较为猖狂，既打击了出版社拓展数字业务的积极性，也使传统纸质图书出版的市场在减少	0.05	2	0.1
	各省都在整合出版资源组建大型的省级出版集团，在较大程度上影响了大学出版社往外拓展的空间	0.20	1	0.2
总计		1.0		2.15

　　内部因素评价矩阵主要是帮助大学出版社战略制定者归纳和评价影响大学出版社战略实施的管理制度、选题资源、公司文化、财务等内部因素方面的信息。内部因素评价矩阵也可按上述类似步骤建立：第一步，列出确认的内部关键因素，因素总数在 10~20 个。因素包括大学出版社内部的优势和弱点两个方面，首先列出优势，然后列出劣势。第二步，赋予每个因素不同的权重，权重的数值由 0.0（不重要）到 1.0（非常重要）。权重标志着该因素影响大学出版社发展战略的相对大小性。无论关键因素是优势还是弱势，对大学出版社发展有较大影响的因素都应给予较高的权重。所有因素的权重总和必须等于 1。第三步，对各个关键因素进行评分。范围为 1~4 分，"4" 代表重大优势，"3" 代表次要优势，"2" 代表次要弱势，"1" 代表重要弱势。第四步，计算加权分数。用每个因素的权重乘以它的评分，得到每个因素的加权分数，然后将所有因素的加权分数相加，就可以得到该大学出版社的总加权分数。无论 IFE 矩阵包含多少因素，总加权分数的范围都是从最低的 1.0 分到最高的 4.0 分，平均分为 2.5 分。若该大学出版社的总加权分

数大大高于 2.5 分，则反映该大学出版社内部状况很好，处于强势；如果总加权分数大大小于 2.5 分，则说明该大学出版社内部状况处于弱势。表 6-2 是某大学出版社内部因素评价矩阵。

表 6-2　某大学出版社内部因素评价矩阵

影响大学出版社发展的关键内部因素		权重	评分	加权
优势	有良好的品牌优势，拥有一批忠实的作者和读者	0.15	4	0.6
	有先进的企业文化优势	0.05	3	0.15
	有一支比较稳定、结构合理、精诚团结的社领导班子	0.15	4	0.6
	有着丰富的教育资源和有较强的资本实力	0.10	3	0.3
	有着较好的区位和地缘优势	0.05	3	0.15
劣势	现代企业制度还不够完善	0.15	1	0.15
	出版社各编辑部之间的资源整合还不够	0.05	2	0.1
	对数字出版的投入力度较小、领域较窄	0.05	2	0.1
	出版社的信息化管理水平还不高	0.05	2	0.1
	出版社对政策的依赖性还比较鲜明，目前教辅图书的收入依然占据整个出版社收入的很大比重	0.20	1	0.2
总计		1.0		2.45

由表 6-1、表 6-2 的矩阵分析可以得到某大学出版社的外部关键因素和内部关键因素总加权得分分别为 2.15 分和 2.45 分，都低于平均分值 2.5 分，这表明该大学出版社外部机遇和风险并存，威胁大过机遇，该大学出版社内部是劣势大于优势。

需要指出的是，运用外部因素评价矩阵和内部因素评价矩阵对大学出版社外部因素和内部因素进行评价和归纳时，各项因素的选择往往会因人而异，各项因素的权值和评分会因大学出版社战略制定者掌握的信息和判断的标准不同而不同。因此，大学出版社战略制定者得到的虽然是数字量化的结果，但是数字量化不能说明所有信息，战略制定者需要对量化数字反映出的信息进行分析与研判，以便制定符合大学发展规律和大学出版社自身实际的发展战略。

在运用外部因素评价矩阵和内部因素评价矩阵深度分析影响大学出版社发展战略内外因素的前提下，大学出版社战略制定者还需要通过 SWOT 分析对大学出版社外部的机遇与威胁、内部的优势与劣势进行深度分析，以便在战略制定过程中科学匹配大学出版社外部的机遇、威胁和内部的优势、劣势等信息，制定有效的备选战略。

如表 6-3，通过 SWOT 矩阵，展开分析后可以形成 4 种战略：SO 战略、WO 战略、ST 战略、WT 战略。需要说明的是，这 4 种战略只能表明战略制定的大体思路，即与大学出版社利益相关方面的状况位于矩阵中的某一个或某几个象限中时的战略制定基本思路。例如，处在 ST 象限的思路是"利用优势，规避威胁"，但如何实现"利用优势，规避威胁"的战略意图则需要做进一步的分析。不同的大学出版社一般都拥有不同的内部优势和劣势，都面临不同的外部威胁和机会，战略的制定上一般都会选择上述 4 个象限中两个以上的象限进行战略分析。战略制定必须要找准内部条件和外部环境的联结点，科学定位，合理取舍，做到有所为有所不为，根据自身条件培育和形成具有独特性或者具有明显差异优势的地方作为切入点和生长点，以寻求适合的发展空间。制定战略时，即使出版社整体处于 WT 象限，也应该在科学分析内外部情况的前提下进行内外部资源整合，立足本社，充分挖潜，集中力量培育办社特色，并将其作为出版社提升核心竞争力的抓手进行建设，形成差异化办社优势。

表 6-3　SWOT 矩阵分析

内部优势 内部优势 1 内部优势 2 内部优势 3 ……	**内部劣势** 内部劣势 1 内部劣势 2 内部劣势 3 ……	
外部机会 外部机会 1 外部机会 2 外部机会 3 ……	**SO 战略** 战略意图：利用优势，抓住机会	**WO 战略** 战略意图：利用机会，克服劣势

外部威胁 外部威胁1 外部威胁2 外部威胁3 ……	ST 战略 战略意图：利用优势，规避威胁	WT 战略 战略意图：最小化劣势并规避威胁

6.1.2 大学出版社差异化发展战略制定的基本原则

1. 参与性原则

大学出版社发展战略的制定必须有最广泛的员工参与，特别是广大编辑、营销人员的参与。参与性原则是由大学出版社的性质决定的，因为发展战略的最终实现需要全体员工的共同努力，大学出版社员工作为战略实现的主要利益相关者，战略实施的成败与他们息息相关。因此，从战略开始制定到战略实施的全过程，要始终保证让广大员工参与其中，要制定相应的制度保证员工参与的有效实现，保证参与渠道的畅通。战略制定不仅要在出版社领导与管理层讨论和决定，还要广泛动员基层员工参与其中，广泛征求其意见和建议，听取不同声音，充分调动广大员工参与出版社发展的积极性和主动性，促使他们可以为战略的制定提供多方参考信息，并在出版社总体发展目标下统一思想，达成共识。总之，战略制定只有让广大员工参与其中，战略的实施才会有坚实的群众基础，战略才不会落空。

2. 科学性原则

大学出版社发展战略的产生一定要遵循科学性原则。战略制定的科学性原则就是要正确有效地运用现代战略管理理论中被证明是合理科学的战略分析工具和战略制定方法。大学出版社战略制定遵循科学性原则非常重要，这是因为大学出版社战略制定涉及的影响因素很多，没有科学合理的综合分析和筛选匹配等辅助性工具的帮助，单凭战略制定者的个人经验和直观判断是很难达到正确的战略目的的，遵循科学性原则可促进战略分析制定过程中感性经验与科学分析的有效结合，并使战略制定更具科学性。

3. 系统性原则

系统性原则要求对社会现象进行系统、综合的分析和研究。首先，要把对象看成一个系统整体，把握其构成要素和要素之间的关系。其次，要了解要素和其他社会要素的关联性，以及相互之间的影响程度。最后还要考察不同层级子系统之间的关系。一方面，大学出版社是由编辑部、出版部、营销部等要素构成的系统；另一方面，大学出版社又是社会系统的一个子系统。因此，大学出版社差异化发展战略的制定必须依照系统性原则，全面分析出版社内部因素、出版社与社会发展之间的互动关系，只有这样，才能合理配置社内资源，统筹兼顾各利益群体，优化出版社的办社结构，才能在为社会服务的过程中与经济、社会发展形成良性的互动。

4. 务实性原则

务实性原则强调实事求是、切实可行。社会经济发展是多层次的，对人才的要求是多层次的，因此大学出版社也一定是多层次的，务实可行是大学出版社差异化战略制定的关键。每一个大学出版社都一定要根据社会要求和自身发展状况，把自己放在更大的系统中理性地思考和比较，明确自身的优势和特色，同时要看到不足和差距，坚持"有所为有所不为"，通过客观、系统、全面的内外比较，尤其是与同类大学出版社进行比较，明确不足和差距，找准自身的优势和特色。

5. 发展性原则

大学出版社差异化发展战略的制定是一个动态发展的过程，一定要符合经济全球化、社会经济信息化的发展进程，符合出版国际化、多元化、个性化的发展态势。大学出版社要实现有效的差异化发展战略，就要回顾各自过去发展的历程，总结发展中的经验和教训；要展望未来，把握现在发展的机遇，从出版社的实际情况出发，扬长避短，制定可行的短期目标、中期目标和长期目标，并在实施过程中不断调整和完善。差异化发展的目的是促进大学出版社的发展别具一格。差异化发展战略的制定要体现一定的前瞻性、可持续性和发展性。大学出版社的继承性、创新性功能是保证合理有效地实现差异化战略并使其发展呈现活力的保证。有反思的继承和有批判的创新是制定差异化战略的基本原则。

6. 灵活性原则

大学出版社差异化发展战略规划一旦颁布，就具有稳定性、严肃性、继承性和延续性。作为纲领性文件，它将规范和指导大学出版社一定时期的建设和发展。但是，在大学出版社战略规划实施的过程中，大学出版社发展的外部条件、情况千变万化，新的挑战、机遇层出不穷。因此，大学出版社战略发展规划不能过于教条，应该随着形势变化和出版社的发展不断调整认识、深化内涵、完善内容。同时，对差异化发展战略规划中很多明确而具体的指标，也要留有可延伸空间，以便随环境和条件的变化进行相应的修正。

6.1.3 大学出版社差异化发展战略制定的路径选择

大学出版社差异化发展战略的制定是关乎大学出版社发展的根本问题，涉及的范围和内容是多层面、多角度的。大学出版社发展一般都体现在办社理念、办社层次、选题建设、人才培养、企业文化建设等方面，因此，在制定大学出版社差异化发展战略的路径上应选择这些方面为切入点。

1. 办社理念差异化

"办社理念"是对办什么样的大学出版社，以及怎样办出具有自身特色的大学出版社的理性认识。大学出版社差异化发展首先是办社理念的差异化，不同的大学出版社应该有不同的办社理念，并通过办社理念来明确自己的价值取向、发展目标、行为方式，以及与社会的交往关系，形成大学出版社的文化特色，重塑大学出版社的精神。办社理念是大学出版社内在的精神力量和动力，具有导向性和激励性功能，具有宏观的规范性，它规范着大学出版社的办社活动和办社行为。差异化办社理念能指导差异化的办社实践，使出版社办出特色。因此，任何一个大学出版社制定战略目标都必须以明确的办社理念为指导，以创新思维形成的差异化的办社理念是差异化战略目标制定的第一个重要维度取向。

制定差异化的办社理念，既要分析出版社的历史传统、办社思想、选题特色、人才资源，也要对照剖析同行同类大学出版社的办社理念，在此基础上形成既能指导本社办社实践又有别于他社的办社理念。

2. 办社层次差异化

大学出版社办社层次定位要解决的问题是关乎大学出版社发展的根本性问题，层次定位差异化要对"办什么类型的大学出版社"做出解答，层级定位最忌盲目雷同、人云亦云。层次定位差异化要求大学出版社一方面要了解自己的基本社情，另一方面要明了整个高等教育体系大学出版社办社层次情况。

从欧美国家的大学出版社来看，欧美国家的大学出版社分为两种经营模式，一种模式是美国大学出版社的模式，依附大学，定位为非营利机构，以此保证高品质学术著作的出版。美国大学出版协会将大学出版社定义为"大学或学院的学术出版臂膀或具有类似功能的机构……其目标是致力于学术的传播与教育的发展"。美国大学出版社的定位与宗旨十分明确，那就是学术出版，即出版既具有学术思想又具有创新价值的高水平作品，其读者对象为高校师生及研究领域少量的专业人士。欧美国家的大学出版社除了牛津大学出版社和剑桥大学出版社外，大都采用这种模式。各大学出版社依附于各家大学，都致力于学术著作的高品质，出版的图书中全部或三分之二以上都是各个学科的学术著作，而且依托各自大学的优势出版资源，在更加细致的学术出版方向上孜孜以求。第二种模式就是牛津大学出版社和剑桥大学出版社的模式，他们采取的是自负盈亏的市场化经营方式，通过"以书养书"的方法出版学术著作，维持产生这些著作的学术研究。牛津大学出版社简介中明确提到，牛津大学出版社作为牛津大学的一个组成部分，主要致力于对世界范围内的研究、学术和教育的推动。剑桥大学出版社也在简介中明确使用"学术的""教材""学术专著""研究"等字样，以此表明自己追求的出书方向和服务宗旨。显然，这两家大学出版社的共同目标都指向一流水准的研究、学术和教育，都是为提高学术、教育和文化水平服务的。两家出版社以出版学术著作为根本目标，另外也注重字典、工具书和百科全书等产品的多样化，开发儿童图书的市场，致力于英语教材出版，还策划丛书、套书吸引一般读者等，但其开拓其他市场的目的是获取市场利润，以此更好地为学术出版服务。

目前，我国大学出版社在市场定位上集中表现在：（1）大部分大学出版社的出版范围都局限于教材教辅和学术著作，但是绝大部分是教材出版，学术著作出版所占比重太小，可以看出我国大学出版社选题和策划能力较差。目前我国许多大学出版社依靠科研经费出书或作者自费出书维持生存，选题跟风现象比较严重，造成了出版资源的极大浪费。（2）许多大学出版社缺乏自己的特色产品，虽然出书品种也不少，但是不利于形成固定的消费群体，这反映了出版社不了解受众的特点及受众的消费需求，需要加强市场调研能力，在此基础上打造特色出版产品，创建出版品牌。

教育部曾在《高等学校出版社"十五"发展规划要点》中指出："10%的高校出版社要建成国内一流、国际知名的高校出版社；40%左右的高校出版社要建成出版特色突出，具有较强经济实力和市场竞争力的中而特的出版社。绝大多数高校出版社要在学科特色上下功夫，努力建成专业特色强，学术水平高，在同类专业出版社中影响较大的小而专的出版社。"也就是说，绝大多数大学出版社要立足于自身的优势，走一条有特色的专业出版发展之路。

3. 选题建设差异化

选题建设是大学出版社发展的根本所在，一个大学出版社的办社水平、发展前景、综合实力在很大程度上就取决于其拥有选题的数量、结构、水平，选题是大学出版社实现差异化发展最显著的标志。开发什么选题、建设什么选题，直接影响大学出版社的差异化发展战略。

大多数大学出版社只是选择几个选题方向作为重点发展，根据自己的独特优势发展某些重点选题，使之成为特色优势板块，以形成自己的差异化优势，如广西师大社的"理想国"文化品牌、"新民说"文化品牌，清华社的计算机板块，华东师范大学出版社的学前教育板块，苏州大学出版社的五年制高等职业教育教材教辅板块，等等。一般来说，母体大学的特色优势学科和在某一领域有着广泛选题资源的专业编辑是大学出版社差异化发展的核心资源，培养特色优势学科选题和专业化编辑人才是大学出版社差异化发展的主要着力点，其目的就是要形成特色优势出版板块。形成特色优势板块是主导大学出版社实现差异化发展的关键因素。

选题建设的差异化策略，可以分为战略层面和战术层面。战略层面的差异化更多的是定位的概念，这种差异化一定要坚持，不能怕别人跟进。战术层面的差异化更多的是创意的概念，这种差异化可以根据出版企业资源的实际情况及时更新。还有一个关键问题不能忽视，即无论什么性质的选题差异化策略，在考虑出版企业自身资源的基础上，都必须考虑竞争者和读者。因为，采取选题差异化策略的根本原因就是营造比对手更强的竞争优势，赢得读者的认同。从这一角度来看，我们可以把选题差异化策略归为两大类，即运作差异化和利益差异化。运作差异化策略包括定位差异化和机制差异化；利益差异化策略包括动机利益差异化和差别利益差异化。这两种差异化策略再从两个纬度细分，即需求导向和竞争导向。这样一来，我们就可以从这个差异化策略中找到任何所需要的策略了。具体方法如下：定位差异化策略主要包括品牌定位差异化（需求导向）、行业角色差异化（竞争导向）等。机制差异化策略主要包括读者沟通模式差异化（需求导向）和营销执行体系、机制、人员配置等差异化（竞争导向）。动机利益差异化策略主要包括出版物的功能、出版物的品质、出版物的价格等差异化（需求导向），以及中间商利益、排他性渠道等差异化（竞争导向）。差别利益差异化策略主要包括出版物包装、附加服务、品牌个性差异化（需求导向），以及品牌名、品牌角色、独特卖点等差异化（竞争导向）。

4. 人才培养差异化

人才培养质量高低、数量多少是体现一个大学出版社发展水平高低的重要指标，人才培养差异化是制定大学出版社差异化发展战略的重要路径。大学出版社人才培养的差异化，必须基于自身的条件，根据当前和未来经营发展的需要，来制定差异化的人才培养方案。大学出版社人才培养差异化主要体现在两个方面：

首先是人才培养模式的差异化。人才培养模式是指大学出版社在一定的思想理论的指导下，为实现人才培养目标所采取的培养员工掌握系统的知识、能力、素质的结构框架和运行组织方式。其内容主要包括组织和制度保障（如领导机构建设）、人才评价体系（如人才职业技能考核评价）、资金保障（如建立新人培养基金）、环境保障（如入职培训、"以老带新""项目化培养"等）4个方面的内容。

其次是人才培养目标的个性化。大学出版社人才培养是一个系统工程，根据人才培养目标的差别，大学出版社可以根据自身的优势实施不同的人才培养方案，并形成个性化的人才培养特色，如浙大社的"项目培养制"。大学出版社要在人才培养目标上特别关注员工素质、特色、个性的形成和发展，要树立复合型人才、创新性人才、个性化人才的培养目标。

5. 文化建设差异化

企业文化是大学出版社的外在形象，是一个大学出版社区别于其他大学出版社的本质表征。不同的大学出版社会拥有不同的企业文化，企业文化差异化是大学出版社差异化发展战略的第五条路径。企业文化无形地影响着员工的工作和生活，影响着出版社工作的各个环节。大学出版社企业文化建设是大学出版社差异化战略的重要组成部分。大学出版社在制定和实施差异化发展战略时要因地制宜地营造特色的企业文化。在硬件设计方面，要依据地理位置，讲究设计风格，突出本社出版特色、优势及人文景观；在软件方面，要逐步形成具有自身特色的文化活动，在文艺、体育等方面自成一体，形成良好的工作氛围。

大学出版社企业文化包括物质文化、制度文化和精神文化三个方面。企业文化的目标定位要坚持以正确的舆论引导人，以高尚的精神塑造人，以优秀的作品鼓舞人。物质文化差异化以办公的各种设施为主要表现形态，主要包括办公环境、办公设施等。大学出版社的物质文化为大学出版社员工的发展提供必要的物质条件和客观环境，大学出版社员工的发展可以创造出新的物质条件，丰富优化大学出版社的物质文化。制度文化差异化主要指大学出版社章程、办社目标、管理制度、组织作风、办事流程等方面独具特色和适应性，制度建设为大学出版社员工发展提供可靠的制度保障和行为规范，大学出版社可以通过创新管理手段、规范管理模式来丰富制度文化。规章制度差异化要充分体现以员工为本的理念，不同类型的大学出版社有不同的制度文化，大学出版社要实现差异化发展目标就必须有差异化的发展制度，这样大学出版社才会充满活力。精神文化差异化是大学出版社在日常经营管理中积淀形成的独具本社特色的文化观念，是大学出版社企业文化的一种群体意识。大学出版社的精神文化作为组织文化最深厚的内核，深深地折射出大学出版社的办社差异。

6.2　大学出版社差异化发展战略的选择

大学出版社差异化发展战略的选择就是大学出版社战略制定者在制定战略并评价战略的基础上抉择优化战略的过程。战略选择是战略实施的第二个重要环节，包括战略选择的形成、战略选择的评价、战略选择的优化三个方面的内容。

6.2.1　大学出版社差异化发展战略选项的形成

要对大学出版社差异化发展战略做出选择，首先必须形成多种供大学出版社管理团队选择的战略方案，这些战略方向又称为"选项"。通常，在形成选项时要考虑至少三个方面的问题：一是要突出一般战略，即相对而言具有普遍意义的涉及出版社各个方面的战略。二是机动战略，又叫备选战略，即当既定战略难以实现时可供替代的战略。三是实现出版社发展战略的各种方法。一般战略不但不能掩盖差异化，反而要以本出版社办社特色和优势为基础，凸显差异化。设计战略时必须要明确以何种战略超越其他大学出版社，并在较大范围内发挥其差异化的优势。大学出版社差异化发展战略选项的形成比较复杂，必须通过 SWOT 矩阵、外部因素评价矩阵、内部因素评价矩阵等战略分析和制定工具的辅助来形成。一般来说，大学出版社差异化发展战略选项的形成有 4 种方法：

（1）自上而下的方法。这种方法就是先由大学出版社的领导层制定出版社的总体差异化发展战略，然后由出版社各部门按照出版社总体战略的要求，结合自身实际情况将其具体分解，制定具体战略选项。这一方法的优点是出版社的领导层能很好地把握出版社的发展方向，同时可以形成对各部门各项战略方案及执行的有效控制。这种方法要求出版社的领导层在制定总体战略时要科学全面地综合考虑，深思熟虑，保证战略方案的科学性，以及对各部门指导的明确性。这种方法的缺点是它难以充分发挥出版社员工参与的积极性，从而可能会影响战略执行的有效性。

（2）自下而上的方法。这种方法是指在大学出版社战略选项形成的过程中，出版社领导者不对各部门作硬性的规定，而是要求他们根据自身的实际情况和本社的办社理念、总体发展思路来自主制定与提交战略选项。出版社领导层的主要任务就是在各部门提交的战略选项之间加以协调和平衡，对他们提出的战略选项根据本社情况提出必要的修改意见而后加以确认。这种方法的优点在于集思广益，能充分调动各部门员工的积极性、主动性和创造性，并且有广泛的群众基础，从而可以确保战略的有效实施。这种方法的不足在于出版社领导层在协调和平衡各部门的战略选项时会有很大困难，也可能会影响出版社整体战略的系统性和完整性。

（3）上下结合的方法。这种方法就是在战略选项形成的过程中将出版社领导者的战略指导和各部门的积极参与结合起来，上下沟通协商，共同制定战略选项。这种方法的优点在于能发挥上述两种方式的优点并克服其不足。缺点则是上下沟通和协商的过程会比较缓慢，战略选项形成的时间会比较长。

（4）组建战略小组的方法。这种战略选项形成的方法是由能代表战略管理过程中的出版社上下各方的代表组成战略小组，由战略小组来制定出版社的总体发展战略和具体的战略选项。这种方法的优点是可以很好地促进出版社上下达成共识，促进出版社战略的有效实施和出版社变革的快速推进。战略小组成员要求由熟悉委托人需求的人员组成，要求成员具有较高的职业价值观和专业水准，了解出版社的战略运行及各方利益诉求。

在形成大学出版社差异化发展战略的过程中，除遵循参与性、务实性、系统性、发展性等原则外，还要注意以下几个方面的要求：

第一，要充分体现科学性与和谐性。大学出版社差异化发展战略的制定是一项系统性、战略性、综合性的工作，大学出版社差异化战略选项的制定要与选题建设、人才队伍建设及整个出版社建设和谐统一，要在战略的制定、战略的选择上充分体现科学性。

第二，要结合实际，突出出版社战略选项的差异化。大学出版社战略选项的制定要充分考虑对本时期规划具有深刻指导意义和重大影响的社会背景，要对我国教育发展的整体状况和趋势做认真的分析和科学的预测，使大学出版社战略选项在反映社会历史变化的同时，反映教育融入社会的趋势和要求。从大学出版社内部发展的角度看，每一个大学出版社的发展方向、发展水平、发展速度、所处的具体环境各不相同。因此，大学出版社在制定战略选项时，要因地制宜，充分注重特色发展，做到特色立社、特色强社、特色兴社。

第三，要信息公开，发动最广泛的员工参与。大学出版社差异化战略选项的制定并不仅仅是领导层和管理层的决策过程，也不仅仅是战略管理部门的文本撰写过程，而应当是全员参与的过程。广泛的民主参与可以保证大学出版社战略选项的制定能体现各方面的需求和发展，获得最丰富和广泛的信息，得到各种有价值的反馈。大学出版社差异化发展战略选项的信息公开要求大学出版社差异化战略制定的程序和各类相关信息要向内部利益相关者公开。信息公开有利于吸引更多的人参与到差异化战略选项的制定过程中，使大学出版社差异化发展战略选项得到更多的认可和支持。

第四，要整体统筹，注重差异化发展战略选项的分解。"统筹"即统一筹划，包括统一预测、统一计划、统一实施、统一指挥和统一调控5 个方面。一方面，统筹的关键在于"统"，在于着眼现实、着眼全局，在谋求大学出版社整体发展的基础上，结合社会发展和教育发展的现实情况，做出统一的筹划安排。另一方面，大学出版社差异化发展战略是对大学出版社一个阶段内的发展做出的战略设想和指导，总体目标和各个分目标的实现不能一蹴而就，必须逐步实施才能真正取得实效。制定大学出版社差异化发展战略选项要分步骤、分阶段、分层次进行，不同阶段和层次有不同的目标和重点。

第五，要和谐发展，重视选题和队伍建设。大学出版社的发展很难呈现均衡状态，必须突出选题建设和重点选题建设。选题水平是出版社发展质量和发展水平的重要标志，是建设一流大学出版社的关键，抓住了选题建设这个核心和主线，就抓住了纲，就可以纲举目张。另外，大学出版社要特别注重人才队伍，特别是编辑人才队伍建设，只有造就一流的人才队伍，才能形成一流的产品，形成一流的优势。

第六，要切实可行，保持一定的弹性。一方面，大学出版社差异化发展战略选项要立足本社社情，从本社的实际情况出发；另一方面，大学出版社差异化发展战略选项的制定、战略举措的采用、分析方法的采纳等，都要注重其操作性，在强调和坚决执行既定目标的同时，注意保持合理的弹性，提高处理危机事件的能力和动态适应能力。

科学的程序是大学出版社形成差异化发展选项的基本保障。大学出版社差异化发展战略选项的形成程序可以分为前期准备、信息筛选和分析、差异化战略选择、文本撰写、反馈修正和审定发布等6个循序渐进的阶段。

6.2.2 大学出版社差异化发展战略选项的评价

评价选项是对战略选项进行分析比较，对战略选项的可行性和必要性做出评价，为战略选择提供参考建议。战略评价是一个复杂的过程，也是一个出版社自我学习和提高的过程。大学出版社差异化发展战略选项评价不仅需要质的标准，也需要可操作性的工具，层次分析法（The Analytic Hierarchy Process，AHP）可作为大学出版社差异化发展战略评价的重要方法，其优点主要是能够同时处理直觉、经验、理性、非理性的问题，将相关人员的不同看法和意图整合在一个框架内，通过对决策问题的分解和比较分析达到简单性和复杂性的统一。基于 AHP 的战略态势与战略选项评价主要包括5个环节：

第一，关键因素筛选。大学出版社在对战略选项评价时可运用头脑风暴法和扫描方法获得待定的因素，并建立判断矩阵，通过两两比较，获得一致性检验的权值，选择权值较大的因素作为其中的关键性因素。

第二，差异化发展战略态势评价。大学出版社可以建立准则层相对于差异化发展战略的判断矩阵，通过比较分析，输出一致性的准则权值；同时，建立关键层相对于准则层的判断矩阵，根据大学出版社在这些因素中的相应表现，通过比较判断，输出一致性的关键因素权值；最后，将关键因素权值与准则权值合并为综合权值，综合权值反映了大学出版社在竞争、关系、活动和资源方面的实际或未来状态。

第三，备选战略选项匹配。大学出版社在战略态势分析的基础上，提出拟解决或未来的关键战略问题，形成战略目标，并根据关键战略选项匹配形成两个以上的备选战略选项。

第四，备选战略选项评价和选择。大学出版社可以建立备选战略选项相对于关键因素的矩阵，对战略选项两两进行比较，输出一致性的选项权值；然后将备选选项与关键因素合成权值再合成，输出一致性的选项合成权值，权值越大的选项越优。

第五，制订战略实施计划，评价战略业绩。战略选项一旦确定，下一步就是根据选项制订分年度和部门实施计划，作为评价和调整战略业绩的依据。如果业绩与战略选项的实施计划和目标不一致或超过既定的警戒线，还将引发新一轮的分析、评价和决策的过程。

6.2.3　大学出版社差异化发展战略选项的择优方法

战略择优就是在战略选项形成和评价的基础上按照综合优化原则进行战略决策。战略择优是战略选择最重要的一个环节，它一般借助定量战略计划矩阵（简称 QSPM 矩阵）用数字形式鲜明地显示哪一种备选战略最佳。表 6-4 为某大学出版社定量战略计划矩阵的基本格式。

表 6-4　某大学出版社定量战略计划矩阵

关键因素		权重	备选战略							
			备选战略 1		备选战略 2		备选战略 3		……	
			AS	TAS	AS	TAS	AS	TAS	…	…
关键外部因素	经济	0.15	3	0.45	2	0.3	1	0.15	…	…
	政策	0.1	3	0.3	2	0.2	1	0.1	…	…
	资源	0.1	3	0.3	2	0.2	3	0.3	…	…
	竞争	0.15	3	0.45	2	0.3	1	0.15	…	…
关键内部因素	管理	0.15	4	0.6	3	0.45	1	0.15	…	…
	人才队伍	0.1	2	0.2	1	0.1	3	0.3	…	…
	品牌	0.1	2	0.2	3	0.3	1	0.1	…	…
	信息化水平	0.1	1	0.1	2	0.2	3	0.3	…	…
总分和		0.95		2.6		2.05		1.55	…	…

表 6-4 中，矩阵左边第一列为关键的外部和内部因素，顶部一行为可行的备选战略，该矩阵左边两列包括了从 EFE 矩阵和 IFE 矩阵直接得来的信息，而备选战略则来自 SWOT 矩阵分析而形成的战略方案。

通过 QSPM 矩阵对大学出版社差异化战略的择优分析，可以参照如下步骤[①]：

第一步，列出关键外部因素（外部机会与威胁）和关键内部因素（内部优势与劣势）。这些信息可以直接从 EFE 矩阵和 IFE 矩阵中取得，每类因素一般不少于 10 个。

第二步，给每个因素赋予权重，这些权重应与 EFE 矩阵和 IFE 矩阵中权重相同。

第三步，把经过信息匹配并经初步筛选后的战略方案列在矩阵中，将各战略分为互不相容的若干组。

第四步，确定吸引力分数（Attractiveness Scores，AS），用数值表示各组每个战略的吸引力。评分范围和含义为："1"表示没有吸引力，"2"表示有一些吸引力，"3"表示有相当吸引力，"4"表示很有吸引力。如果某一因素对战略选项没有影响，则不予打分。

第五步，用 AS 乘以相应的权重，计算吸引力总分（Total Attractiveness Scores，TAS）。吸引力总分是对关键内外部因素而言的，备选战略的相对吸引力分数越高，表示其相对吸引力越大。

第六步，计算各战略方案的吸引力总分。TAS 纵栏相加得出备选战略的吸引力总分，总分数越高就越具有吸引力。各方案吸引力总分和之差表明了各战略方案相对于其他战略方案的可取性。

战略择优实质上是在评价大学出版社应如何选择正确的发展战略，以及如何才能更有效地实施发展战略。需要指出的是，对大学出版社战略制定者来说，因为个人的经验、价值观、态度、偏好、个性等无法被模型化和数字化，所以战略管理中模型与工具中关键因素的选择及权重的判定都依赖于战略管理者本人而非模型与工具本身。因此，在战略择优过程中，战略分析与评价的模型和工具只是起辅助性的作用，这些模型与工具可以有效帮助战略管理者科学地做出战略选择，但真正的决策

① ［美］戴维. 战略管理［M］. 李克宁，译. 北京：经济科学出版社，2001.

主体则是战略管理者本身。

6.3　大学出版社差异化发展战略的执行

大学出版社差异化战略的执行过程就是具体实施择优差异化发展战略选项的过程，它是战略有效实施的最重要环节。

6.3.1　影响大学出版社差异化战略执行的因素分析

影响大学出版社差异化发展战略执行的主要因素是大学出版社的组织结构、规章制度、企业文化、出版社领导、出版社员工等。外部环境等因素也会对差异化发展战略的执行产生影响，前面章节中已作阐述，在此不再展开论述。

1. 组织结构

从表面上看，大学出版社是一家独立的企业，有自己的董事会，其主要经营者（总经理）也是由董事会聘任。实际上，由于大学出版社的产品具有明显的意识形态属性，其主要经营者仍然由学校按照二级单位建制考察任命，通常是从学校处级干部中遴选而来，董事会只是完成法律意义上的企业聘任。这种由学校党委任命主要经营者的做法优缺点同样明显：优点是主要经营者政治信仰坚定，缺点就是主要经营者可能学术上造诣较高，但在经营企业上比较陌生。另外，这种任命方式不能像一般企业那样形成正常的职业经理人更换机制，优胜劣汰规律也不可能得到体现，主要经营者对自己的命运和前途根本无法把握。这直接导致其在经营上需要考虑的非经营因素过多，特别是风险决策上几乎都趋于保守，这样就会影响到大学出版社差异化发展战略的有效执行。

2. 制度因素

大学出版社制度包括出版社的各种规章制度，以及由此而形成的工作原则和工作作风等。大学出版社制度不仅是写在纸上、挂在墙上的条条框框，更体现在出版社管理层、领导者和员工的行为风格上。不同的规章制度会对出版社战略执行产生不同的影响，良好的出版社制度及由此形成的制度文化会表现出有效的弹性和适应性，会有利于战略执行；反之，僵化的制度及由此形成的制度文化则会表现出守旧的排斥性和滞后性，不利于战略的执行。

3. 企业文化

大学出版社企业文化是大学出版社在长期的经营管理中逐渐形成的组织意识和文化观念，能对出版社员工的精神面貌产生特定的作用。不同的企业文化对大学出版社差异化战略的有效执行会产生不同的影响。和谐向上的企业文化，能塑造出一个富有共识、团结、创新精神的出版社集体，这样就会给出版社战略执行提供持久而良好的团队精神动力。综观国内发展较好的大学出版社，其竞争优势无不深深根植于个性鲜明的企业文化中。文化不像制度那样容易被模仿，其形成和演变是需要经历漫长的时间的，但是优秀的文化一旦形成，就会构成出版社最持久和最基本的发展动力，对大学出版社差异化发展战略的执行产生可持续的积极效应。

4. 大学出版社领导

大学出版社领导的综合素质、领导能力、治社思想、个人威望、任职期限等都会对出版社的战略执行产生重要影响。大学出版社的领导者应具有个性化的办社思想与思路，既要能娴熟地把握整个出版社的工作，又要具备运筹帷幄的智慧，善于在复杂多变的环境下为出版社发展确定战略方向，带领员工为实现战略目标而共同努力。我国大学出版社社长一般都是由学校处级部门的一把手转行过来的，在出版方面的经验普遍欠缺，并且缺少市场化经营方面的知识，再加上其任期一般较短，这就导致其很难在4~5年的任期内执行长期战略。所以，我国大学出版社社长在综合才干、任职期限等方面存在的问题，会在一定程度上影响大学出版社差异化战略的有效实施。

5. 出版社员工

出版社员工既是出版社战略的利益相关者，又是战略执行的主体力量，要通过各种制度和途径来调动他们在战略执行中的积极性和主动性，使他们对战略实施达成共识。大学出版社员工，特别是编辑队伍，是出版社的主力军，对出版社的发展产生着直接的影响。因此，差异化战略的执行要特别重视编辑队伍建设。编辑是出版社特色板块建设的关键，大学出版社要抓住编辑这个主体，实施名编辑战略，打造优秀群体。要采取优惠政策和制度保障，吸引人才、稳定人才，尤其是要调动中青年员工的积极性，最大限度地开发、利用和盘活人才资源。在战略执行过程中，要坚持以项目为主导，通过项目造就一批优秀员工，为出版社战略执行奠定坚实的人力资源基础。

6.3.2　大学出版社差异化发展战略执行的基本原则

综上，大学出版社差异化发展战略的执行过程是十分复杂的，它受到多种因素的影响，在执行过程中具有很大的不确定性，为规避战略执行的不确定性，需要遵循以下原则：

1. 适度合理原则

大学出版社在制定差异化发展战略时，难免会受到信息、时间及决策者的认知判断能力等因素的影响而使得已制定的战略对未来的预测出现偏差，以至于使其在执行过程中难以达到最优效果。而在战略执行过程中，大学出版社内外部环境也可能会出现与战略制定时不同的变化，这就要求战略执行遵循适度合理的原则，即"只要在主要的战略目标上达到了战略预定的目标，就应当认为这一战略的制定和实施是成功的"①。因此，差异化发展战略的执行并不是完全按照原定战略机械地执行，而是执行者根据环境条件的变化，在保证总体目标的前提下创新地执行。从某种意义上，战略执行的过程也是战略创新的过程，这种创新只要不影响既定战略总目标的实现就是合理适度的。

2. 统一领导原则

在大学出版社差异化战略执行过程中应坚持出版社领导者的统一领导，这是因为出版社领导者对战略的了解最为全面和深刻。只有掌握更

---

① 刘夏清. 战略管理技术与方法 [M]. 长沙：湖南人民出版社，2003.

多的信息，才能对战略的内外部因素及其相互联系了解得更全面，才能对战略目标和意图的体会更深刻。只有坚持出版社领导者统一领导，出版社在战略执行中的资源配置、组织调整、制度变革、信息沟通等各个方面才有可能协调开展和有效实现。

3. 分工协作原则

出版社战略执行的分工就是按照专业化的要求，把出版社战略执行中的具体计划分解成各部门的具体任务和目标，使各部门和各员工都了解自己在执行出版社战略计划中应承担的职责和职权，根据要求来完成自己的工作任务。有分工必然就会有协作，这种协作主要指在出版社整体战略指导下的各部门之间的协调和合作。协作要求建立良好的沟通交流机制，有效的沟通是协作的基本条件。因此，为保证协作的有效性，在战略的执行过程中需要建立畅通有效的沟通机制，形成多样化的沟通渠道。

4. 权责一致原则

权责一致原则是战略执行得以有效实现的基本保证。执行任何一项任务的个人或组织，只有在拥有的职权和承担的责任相互对等时，才能保证执行的有效性和可控性。大学出版社在执行差异化发展战略的过程中，既要明确规定每一部门的职责，又要赋予其完成其职责所必需的权限。职责和权限必须协调一致，要履行一定的职责，就必须有相应的职权，一定职权的获得必须以承担相应的职责为依据，这就是权责一致原则的要求。

5. 权变适应原则

由于大学出版社差异化发展战略是在目前的基础上基于对未来的环境和条件所做的某种假设，因此在战略执行的过程中各种战略因素与原定假设发生偏差就可能发生，这样就需要对原定的战略进行调整修订，这就是战略执行的权变适应原则。权变适应原则的关键在于对环境变化的掌握程度，如果环境发生的变化并不重要，就无须对战略进行调整；如果环境确实发生了重大变化而没有做出相应调整，则可能会导致战略的最终失败。权变适应原则应贯穿出版社战略管理的全过程，从战略制定、战略择优到战略执行，权变权责都要求战略管理者及时识别环境的变化引发的关键变量，并对此做出适度的修正。

6.3.3　大学出版社差异化发展战略执行的基本过程

大学出版社差异化发展战略执行的过程可以分为组织发起动员、战略实施方案制定、结构制度调整、资源优化配置、战略全面执行、战略过程控制六个环节，如图 6-1 所示。

组织动员 ⇨ 制定计划 ⇨ 调整制度 ⇨ 配置资源 ⇨ 执行战略 ⇨ 战略控制

图 6-1　大学出版社差异化发展战略执行的基本过程

1. 组织动员

组织动员是指动员出版社广大员工执行战略的过程。在这个过程中，战略管理者需要做以下几方面的工作：一是通过召开动员大会、座谈会等形式在全社范围内对战略进行广泛宣讲，以统一广大员工的思想，使广大员工意识到战略执行的必要性和紧迫性。二是将战略目标和各部门及广大员工的具体职责联系起来，明确规定各部门及广大员工在战略执行过程中所应承担的责任和负担的使命。三是要对各部门及广大员工进行必要的培训，使他们了解战略的基本内容，掌握战略执行的具体方案。四是要获得学校主管领导及主管部门的支持，为战略的顺利执行营造良好的氛围。

2. 制订计划

制订计划就是对如何实施战略目标进行阶段任务分解，并制定相应的实施方案。制定实施方案必须明确每一个战略执行阶段的目标，制定该阶段战略执行的相应措施和进程时间表。方案实施的内容主要包括：分解战略目标，将出版社总体发展战略目标细分为更明确的分阶段目标；确定保障条件，明确战略执行需要的运行经费、制度保证、组织保障等；形成具体方案，明确战略实施的具体时间、阶段任务、执行人员、相应措施、绩效影响等；总体统筹协调，根据总体战略要求统筹规划各阶段、各层次的目标及行动，规避执行过程中的摩擦。

3. 调整制度

大学出版社战略规划的执行是对现有办社模式和既有战略做实质性的变化，势必涉及组织结构的调整和相应制度的变革。调整组织结构，一方面要根据战略执行的需要调整原有的结构以减少战略执行的阻力；另一方面，要在旧的组织结构难以适应战略执行需要的前提下或者需要保证重点战略目标的情况下通过重组等方式设置新的结构。大学出版社结构调整主要涉及三个方面的内容：一是建立精简、高效的决策机构；二是调整职能部门，加强编辑部门、人力资源部门等为出版社获取资源的力量；三是调整部门设置，围绕出版社未来重点发展的方向进行调整。

4. 配置资源

大学出版社的资源，如选题资源、人才资源、实物资源、组织资源等都是有限的，因此，在差异化发展战略的执行过程中要按照战略目标确定的优先顺序优化配置资源，对战略重点发展板块要增加资源配置，对需要限制发展的板块则应减少资源配置。

5. 执行战略

全面执行战略是整个战略实施过程中操作性和程序性最强及涉及面最广泛、最具体的一个环节。大学出版社全面执行战略，应该充分利用出版社的资金、信息和权力等各种资源，调动广大员工的积极性，以促进出版社战略执行的顺利开展。战略的全面执行有两种方式：渐进式的战略执行和直接的战略执行。渐进式的战略执行是指逐步实施战略执行计划，这种战略执行方式一般是在出版社面临复杂多变的环境和诸多不确定因素时采用。直接的战略执行是指直接地、全方位地执行战略，当出版社面临的外部环境明确有利、内部资源充足、面临的执行阻力较小时，出版社可以采取直接的战略执行方式。

6. 战略控制

战略控制是指通过分析执行过程中的信息反馈，发现偏差，采取纠偏行动。战略控制通常有三个基本环节：一是根据战略目标确定战略控制的标准；二是定期评估阶段性执行绩效；三是纠正偏差。

6.4 大学出版社差异化发展战略的评估

大学出版社差异化发展战略的评估是对战略实施全过程的评估，既包括对战略方案的评估，也包括对战略执行过程及结果的评估。大学出版社差异化发展战略的评估是为了检验一定阶段差异化发展战略的实施是否有效地实现了出版社既定的差异化发展目标，或者检验战略执行的内外部环境是否已经发生了变化，以便为战略修订及以后新的战略制定提供必要的信息。对战略执行的评估是为了实现战略控制，而战略控制的目的是保证战略的有效执行，检查、修订和优化原订的战略方案。战略控制和战略评估既有联系又有区别，要实现战略控制就必须进行战略评估，只有通过战略评估才能实现战略控制，评估是手段，控制是目的，控制也是为了战略目标的实现。因此，从根本上讲，战略评估是为了实现有效的战略执行和战略优化。

6.4.1 大学出版社差异化发展战略评估的主要作用

1. 战略导向作用

大学出版社差异化发展战略是一项未来导向的系统工程，其主要具有战略导向的作用。这种导向作用就是将评估指标体系的设计、评估结果的分析和反馈，以及根据评估的绩效进行的资源配置的三个重要方面，有效引导到出版社发展战略上来，确保大学出版社差异化发展目标的实现。

2. 合理配置资源

大学出版社差异化发展战略要想获得成功，就必须与资源配置挂钩，在对其差异化发展战略选项进行评价时必须坚持"有所为，有所不为"的原则。一方面，通过大学出版社差异化发展战略评估，将出版社人力、物力、财力集中到影响出版社战略发展全局的项目上，从而实现资源的合理配置；另一方面，在掌控资源配置权的前提下，引导各部门照着出版社战略目标的方向发展。

3. 优化战略决策

大学出版社差异化发展战略必须与时俱进，实现认识和实践的统一。通过差异化战略评估，可以对已经实施的战略选项进行分析、调整、修正、完善，实现主观和客观的协调。此外，差异化战略评估还可以为新一轮的战略决策提供参考。

4. 沟通协调作用

在大学出版社差异化发展战略评估过程中，不仅要求出版社公开评估结果，听取各部门及广大员工的意见，还要求评估者和被评估者在评估过程中建立及时的沟通和协调，并就整个绩效评估活动达成共识。通过与相关人员的有效沟通和反馈，探究问题产生的原因并有针对性地进行改进，可以达到提升绩效水平的目标。

5. 激励鞭策作用

通过差异化发展战略评估，可以激发被评估者的自我实现动机，起到激励、鞭策的作用。

6.4.2 大学出版社差异化发展战略评估的基本程序

大学出版社差异化发展战略评估的基本程序包括：检查战略基础、评估执行绩效、采取控制措施。

1. 检查战略基础

检查战略基础包括检查大学出版社外部环境和内部条件是否发生了变化，以及发生了哪些变化。如果战略执行后发生了新变化、新情况，可以在战略分析的基础上通过建立修正的外部因素评价矩阵（EFE）和内部因素评价矩阵（IFE）检查出版社的战略基础。在对差异化发展战略执行外部因素的检查时，一方面要检查已经列入 EFE 矩阵中的关键外部因素是否发生改变及发生了哪些改变，这种改变包括机遇和威胁的强化、转化或者消失。另一方面要分析出现了哪些对战略执行具有重大影响的新的外部因素（机遇和威胁），并在新的矩阵中列出并计算，考量其对出版社战略执行影响的程度。在对大学出版社差异化战略执行的内部条件进行检查时，其检查程序与检查外部因素一样，首先要分析检查已列入 IFE 矩阵中的关键内部因素的变化，然后进一步分析影响战略执行的新的内部因素。通过对原有战略已列举因素的检查及对在战略执行中新的影响因素的评估，可以全面地把握影响大学出版社差异化发展战略执行的基础。

2. 评估执行绩效

评估大学出版社差异化发展战略的执行绩效就是将大学出版社战略执行的预期结果与实际效果进行比较，研究实际进程与预定计划之间的偏差情况，并对大学出版社在实现既定目标过程中取得的成绩进行总体评估。大学出版社战略执行的绩效考核通常要遵循 5 个原则，即"定量与定性考核相结合""长期与短期考核相结合""主要与次要考核相结合""整体与局部考核相结合""静态与动态考核相结合"。有效的战略考核标准要具备以下特征：第一，标准的对象是战略活动而非战略管理者。绩效考核标准应该只有一套，而非针对每个工作的人各定一套。第二，标准是可以达到的。绩效考核内容应该是通过部门或个人的努力可以达到的。第三，标准是为人所知的。绩效考核标准对于该项战略的主要负责人和一般执行人员而言都应该清楚明白，否则就难以确定战略的努力方向和衡量执行情况的优劣。第四，标准要尽可能具体和量化。绩效考核的项目尽可能用数据表示。第五，考核标准要有时间的限制。绩效考核要定期、及时。第六，考核标准是可以改变的。绩效考核的标准可以因新方法的引进或者其他工作因素的变化等情况而改变。

3. 采取控制措施

采取控制措施的目的是对战略评估结果出现的偏差进行纠正，以保证大学出版社预期战略目标的实现，使大学出版社能够在新的条件下获得机遇，规避风险。在实践中，采取控制措施，首先要分析产生偏差的原因，通常来说有三个方面的因素：一是在大学出版社战略执行中的因素，主要涉及战略执行的资源配置不合理、出版社机构调整不合适、战略执行者的组织执行不力等方面。二是大学出版社战略制定过程中的因素，如大学出版社在战略分析中列举的关键因素发生了巨大变化，引起原有的战略方针严重脱离当前的实际或者为应付多种情况发生的应变战略未能及时付诸实践。再如，大学出版社战略制定者对战略执行的内外部环境的分析评估过于悲观或者乐观而确定了过低或过高的战略目标，选择了不合适的差异化发展战略方案。三是既有战略执行中的因素又有战略分析制定中的因素。

在分析找准产生偏差的原因后，采取的控制措施一般也有 3 种情形：

（1）如果只是战略执行中的问题，如仅仅是出版社在战略执行中的资源配置不合理，出版社可以针对具体问题采取措施，消除产生偏差的原因，保证战略目标的实现。

（2）如果是战略分析中的战略环境发生变化或没有预料到的新的外部战略环境出现而导致战略目标未能实现，则应根据新情况修订和调整原定战略目标及其执行方案。

（3）如果是上述两个方面均发生变化，则既要解决执行中的问题，又要根据新的环境和条件的变化适当调整战略。

第 7 章

大学出版社差异化发展的内外部治理变革

　　实现大学出版社差异化发展战略目标需要有与之匹配的治理结构，大学出版社差异化发展战略的实施必然会打破当前行政权力一体化、办社模式趋同化的格局，引发我国大学出版社治理结构的变革，而大学出版社治理结构的变革也必然会促进大学出版社差异化发展战略的有效实施。应我国大学出版社转企改制的市场化改革的需要，构建并完善适应大学出版社差异化发展的治理结构具有十分重要的政策意蕴和重大的现实意义。

7.1　大学出版社差异化发展的外部治理变革

7.1.1　大学出版社外部治理变革的思路

　　《教育部、新闻出版总署关于进一步推进高校出版社改革与发展的意见》（教社科〔2008〕6 号）明确指出，高校出版社要"建设符合我国教育事业发展需要的学科门类齐全、地域布局合理、具备多种出版权、协调发展的具有中国特色的高校出版体系，逐步形成多层次的高校出版格局。努力创建国际知名、国内一流的高校出版社，这类出版社应具有一定数量的原创性、奠基性、前沿性、并在国内外有较大影响的一流出版物，拥有一流的作者和编辑队伍，具备一流的综合出版能力和雄厚的经济实力，具有一流的现代化出版手段和一流的社会服务水平，建有科学高效的运行机制和管理体系。建设一批拥有自主知识产权的知名品牌、有一定市场竞争力和国际影响力、大而强的出版企业；建设一批专业特色强、学术水平高、在相关专业出版领域中有较大影响的小而精的专业出版企业"。这是我国大学出版社适应差异化发展的外部治理变革必须依循的总体原则，在这个原则下大学出版社外部治理结构变革必须完善公司法人治理结构，实现主管学校由"管理型"向"服务型"转变。

法人治理结构，是一种对公司进行管理和控制的体系，是指由所有者、董事会和高级经理三者组成的一种组织结构，其目的是将所有权和经营权分离，形成利益各方相互制衡的机制。从表面上看，大学出版社是一家独立的企业，有自己的董事会，其主要经营者（总经理）也由董事会聘任。实际上，由于大学出版社产品具有明显的意识形态属性，其主要经营者仍然由学校按照二级单位建制考察任命，通常是从学校处级干部中遴选而来，董事会只是完成法律意义上的企业聘任。这种由学校党委任命主要经营者的做法最致命的一点就是经营者在经营企业上比较陌生，其在经营上需要考虑的非经营因素过多，特别是在风险决策上几乎都趋于保守，不利于大学出版社差异化发展战略的实施。这种人事任免制度不改变，大学出版社就难以轻装上阵谋求长远发展。

大学出版社的董事会架构也多种多样。有的大学社由董事长兼任总经理，有的大学社由党总支书记兼任董事长，有的大学社由资产经营公司负责人兼任董事长。第一、第三种董事长和总经理的关系还可以理解；第二种由党总支书记兼任董事长，由总经理负责企业的日常经营，这种组织架构在企业做重要决策时，当总经理和总支书记意见不一时，不知是该听总经理的，还是该听董事长身份的党总支书记的。类似，在董事会上裁判员和运动员身份轮番互换的场景也势必会发生，这样的董事会就起不到一个决策董事会的作用，而是变成了一个形式董事会。

至于所有者和经营者的相互制衡机制更是无从谈起。学校（授权代表为资产经营委员会或产业集团）作为大学出版社唯一的所有者，其本身是一个事业单位或具事业性质的企业，根本无法对大学出版社的经营负责，从某种程度上讲是缺位的。而大学出版社作为下级单位，其资产本身就是学校的，总经理是学校任命的，让总经理去制衡学校显然不符合逻辑。那么，什么情况下才能实现所有者和经营者相互制衡呢？也许只有在实行产权多元化的情况下，各投资主体对本身利益的关注，才可以消除缺位，实现制衡。

那么，大学出版社实行多元化治理结构是否可行呢？从现实来说非常困难。我国大学出版社从成立至今，基本都是靠自己想办法生存下来的，大部分出版社都是 20 世纪 70 年代后期成立的，多年来通过自身积累具有了一定的实力，但每年也需给学校上缴一定的利润。与众多国企相比，大学出版社除资本实力非常有限外，自身身份也决定其不在战略投资者的投资范围之内。况且作为母体大学，纵使大学出版社再小，实力再弱，也不希望自己的资产与别人分享。像安徽大学出版社被北京师范大学出版集团重组是极个别现象，且这还是兄弟大学之间的重组。

这样说来，大学出版社要想通过跨界资本重组建立合理的法人治理结构及实现快速的发展目标还有一段很长的路要走。为了更好地助力企业发展，本书认为，大学出版社外部治理变革主要应从两个方面进行：一是从国家层面，要进一步完善有关出版的法律法规，切实解决大学出版社在多元化治理结构方面面临的法律问题；二是从大学层面，为完善公司法人治理结构，当前大学出版社所属的大学必须实现由"管理型"的角色向"服务型"的角色转变，为建立产权明晰、管理科学的现代企业制度奠定基础。具体来说，就是在学校层面要建立和完善有利于大学出版社发展的制度环境、建立和维护有利于大学出版社差异化发展的办社环境、建立和营造有利于大学出版社参与公开、公平竞争的外部环境等间接服务形式及包括经费支持等各种直接形式。

7.1.2　大学出版社外部治理变革的具体举措

1. 完善出版法律法规，规范出版物市场

目前实施的《出版管理条例》（国务院令第 666 号）由国务院于 2001 年 3 月颁布，2002 年 2 月 1 日开始实施，并于 2011 年 3 月、2013 年 7 月和 2014 年 7 月修订，是我国境内从事出版物（报纸、期刊、图书、音像制品、电子出版物等）的出版、印刷或者复制、进口、发行活动的基本规范和法律依据。在此基础上，国务院出台了《音像制品管理条例》（国务院令第 595 号）、《印刷业管理条例》（国务院令第 315 号）；广电总局出台了《图书出版管理规定》（新闻出版总署令第 36 号）、《报纸出版管理规定》（新闻出版总署令第 32 号）、《期刊出版管理规定》（新闻出版总署令第 31 号）、《复制管理办法》（新闻出版总署

令第 42 号)、《电子出版物出版管理规定》(国家新闻出版总署令第 34 号),广电总局联合商务部出台了《出版物市场管理规定》(国家新闻出版广电总局、商务部令第 10 号),广电总局联合工信部出台了《网络出版服务管理规定》(国家新闻出版广电总局、工业和信息化部令第 5 号) 等。这些制度与《出版管理条例》一起,共同构成了我国出版行业的基本监管体制。此外,在出版行业监管方面也出台了一些制度,如出版准入和许可制度、出版社分类管理制度、经营性出版社评估制度、选题管理制度、书号使用许可制度、质量管理规定等。

进入 21 世纪以来,我国出版产业一度出现竞争混乱、内容质量低下、把关不严的现象。为了规范企业的出版行为,2018 年 3 月,新华社发布《深化党和国家机构改革方案》。该方案指出,中共中央宣传部统一管理新闻出版和电影工作,将国家新闻出版广电总局的新闻、出版和电影管理职责划入中宣部,这是首先从意识形态上对出版行业加强监管。紧接着,2018 年 7 月,国务院首先成立国家教材委员会,对教材的出版实施统一规范,加强管理。这些举措使得出版市场变得更加规范和有序。根据我国出版市场目前的发展情况,建议相关主管部门出台以下法律法规来进一步完善出版物市场:

(1)建议尽快出台《出版法》及其实施细则。目前,应由人大制定的我国《出版法》仍未出台。世界上很多国家都有独立的出版法,如新加坡的《不良出版物法》、瑞典的《出版自由法》、法国的《出版自由法》等都对出版活动作了详尽的规约。我国《出版法》的出台势必会对出版业在社会主义市场经济条件下的健康发展起到巨大的作用。尽快出台一部具有现代意义的出版法当是 21 世纪的中国出版迅猛发展的一个先决条件。可现实中及理论界仍存有对出版法的种种争议,如对出版法与版权法、出版法与出版管理条例、出版法与新法、出版反法与将法等的异同分辨不清,认为已有版权法和出版管理条例就不必再搞出版法等。出版基本法的缺乏使立法表现出失衡与零乱,并使分散的行政法规比重较大。建议根据国务院法制办的立法计划和我国知识产权保护工作的实际需要,认真做好《出版法》的立法调研和草案起草工作,并同时制定实施细则,指导基本法的执行。

(2)建议立法填补关于传播危害青少年的出版物的法律立法方面

的空白。我国虽然有《未成年人保护法》，但对于传播危害青少年的出版物的行为并未做出明确的规定。

（3）建议在具体的法律法规中增加保障国家安全的出版法规。目前可采取的办法是，在现有的法律规范中增加有关出版方面内容，如在《刑法》《国家安全法》中，增加对出版物中涉及政治问题和国家安全的限制性规定。

（4）建议制定有关出版业融资方面的法规，以法律形式确保融资渠道的安全有效，促进我国出版业的健康发展。

（5）建议加强出版对外贸易立法工作，进一步明确规定出版业进口与投资的限制性条件和鼓励出口的优惠政策，更好地保护我国出版企业的利益。

（6）加大对出版法律法规的宣传教育，严格执法。出版行业监管部门还要加大对《中华人民共和国著作权法》《出版管理条例》《音像制品管理条例》《印刷业管理条例》《计算机软件保护条例》《互联网出版管理暂行规定》《外商投资图书、报纸、期刊分销企业管理办法》和 WTO 规则的宣传教育，全面提高出版从业人员和全社会对出版法律法规的学习和认识，提高遵守出版法律法规的自觉性、自律性。

市场经济是法制经济，一切经济活动必须按照法律办事。对检查中发现的不合格出版物和违规出版行为要严格执法，公开曝光，杜绝任何形式的地方保护主义和部门保护主义，确保各项工作取得实效。图书价格开放，并不意味着可以随心所欲地定价。我国《价格法》明确规定了公平、合法和诚实信用原则，价格制定的依据是生产经营成本和市场供求状况。"高定价、低折扣"行为带来的"一折书"现象，严重违背了《价格法》的原则，涉嫌价格欺诈，是不正当的经营行为，必须加以整顿。

2. 规范企业产权制度

规范完善的企业产权制度具有将企业各种外部性有效地内部化的特点。出版市场的种种混乱现象，都具有外部性，例如，内容的粗制滥造造成图书质量下降，使得读者对图书敬而远之，严重地影响了出版业的长远发展；又如，"高定价、低折扣"现象使得广大读者对出版产业产生严重的不信任感，从而影响到整个产业的信誉。因此必须加快书业企业的制度建设，尽快向两权分离的现代企业制度转化，一时难以建立现代企业制度的民营书业也要强化内部约束监督机制，使经营外部性得到一定程度的控制。

3. 发挥舆论监督作用

要推进舆论监督的制度化，把握舆论监督的尺度和角度，提高舆论监督的政治意识。批评与揭露社会经济活动中存在的不正之风、不良倾向是舆论监督的重要功能之一。新闻出版媒体的传播能力强大，报道揭露的问题能引起社会的广泛关注和管理部门的重视，能对出版发行市场中的不正当竞争行为起到有力的威慑作用。

4. 完善行业协会

行业协会是生产专业分工和市场竞争发展到一定阶段的产物。在市场经济条件下，行业协会扮演着重要的角色。它维护行业的整体利益，对内为协会成员服务，规范行业内部的竞争行为，制定行业的统一标准，提升行业的竞争力；对外作为本行业的代言人，同政府、立法机构及外部同业等进行合作、交流，以保护、谋取和增进协会成员的合法合理的利益。行业协会是市场经济体系主体之一，在保证市场有序竞争、协调市场各主体之间的关系方面发挥着极大的作用。

但总体来看，我国的出版行业协会目前除了一些奖项评选和对外联络的职能外，远没有真正发挥一个行业协会应有的作用。政府对出版行业协会的作用重视程度也还不够。我国的出版行业协会的功能尚在探索之中。出版行业协会对出版行业的管理和促进作用必须有一个较大的突破。把出版行业协会工作纳入整个出版管理体系，使之成为一个重要环节，从而更好地发挥其作用。

5. 推广行业标准

2005 年，《新闻出版信息化标准体系》《出版物发行标准化体系》《出版物物流标准化体系》及《新闻出版总署办公信息化及网站项目基础元数据等 11 项新闻出版行业指导性技术文件》等涉及行业标准制定的配套文件纷纷出台。《新闻出版信息化标准体系》确立了六大类、464 个行业标准；该标准体系的建立，对于促进和规范新闻出版信息化标准的修订工作，有计划、有步骤地研究一系列新闻出版管理工作信息化关键性标准具有重要意义。

6. 大学要积极建立、完善和创造有利于大学出版社发展的环境

《教育部、新闻出版总署关于进一步推进高校出版社改革与发展的意见》（教社科〔2008〕6 号）明确指出，"各高校要按照我国高校出版社的发展格局和本校的发展规划，对本校出版社进行准确、科学的定位，确定发展目标、发展思路和措施。各高校都要将出版社建设成与本校办学水平相匹配的高校出版社"。要"研究和解决影响高校出版社发展中出现的问题，会同有关部门制定符合高校出版社发展实际的经济政策，为高校出版社创造良好的经济发展环境。高校要建立有利于高校出版社发展的体制模式，为其创造宽松的发展环境，在人力、物力和财力等方面给予必要的支持。各高校应将出版社的经济收益主要用于出版社的自身建设和再生产，以及教材、学术著作的出版补贴。进一步加强中国大学出版社协会的建设，充分发挥其桥梁与纽带的作用，提高其服务和协调的能力，促进高校出版社的整体发展"。此后，国家在推动文化体制改革时又配套了一系列优惠政策，如转企 5 年的优惠政策、金融支持，还有税收 5 年期内免收所得税等，之后又追加了 5 年的减免税政策，这些优惠政策直接为大学出版社加强探索新业务、尝试发展新模式提供了大量的资金。但是现实情况是，得到政策支持的大学出版社多数没有将这部分资金用于新一轮企业发展之上，只是将其当成收入，进而又被投资人，也就是学校或代表学校的某个部门以增加上交数额的形式收走。但是学校在出版社体制改革时，普遍没有配套的优惠政策，也没有追加投资或在校内出版资源上给予倾斜，支持相比转制之前没有明显变化，这就给大学出版社转企改制后的进一步发展带来了困难。当前大学出版社面临着外部的激烈竞争，亟须学校在各个方面给予扶持和"松绑"，在出版社经营管理模式、用人制度、劳动分配、校内出版资源等方面在政策上给大学出版社创造一个良好的发展环境。

7.2 大学出版社差异化发展的内部治理变革

7.2.1 大学出版社差异化发展的内部治理变革的思路

当前，由于我国大学出版社自治权缺乏保证、内部治理行政本位和官本位文化盛行、劳动分配存在因人员编制不同而带来的分配不公等问题，大学出版社要实施差异化发展战略，提升核心竞争力，势必要面对并解决这些问题，这就需要完善现行的大学出版社管理体制、变革大学出版社内部治理结构。

具体来说，为应对日趋多变的外部竞争环境和日新月异的技术更新，出版社的出版活动必须以市场为出发点，创立适应性好、应变能力强、以人为本的柔性管理方式，使之成为提升大学出版社核心竞争力的重要保障。所谓柔性管理，就是指对出版企业外部环境因素变化具有响应能力和对出版企业内部因素变化具有应对能力的出版管理。前者指的是对多变的出版市场中需求变化的灵活快速的响应能力；后者指的是对出版企业内部人、财、物、信息等各生产要素的变化有及时的适应能力。柔性出版管理的重点在于强调柔性，其中包括业务的柔性和组织的柔性。这种柔性反映了出版企业能够快速适应日趋多元、快变、无法预测的出版市场竞争体系的能力。创新管理方式，实行柔性管理，更多的是体现以人为本的管理理念。在实施的过程中，除了依靠制度来管理人，用绩效来量化人，更重要的是用文化感染人，用感情打动人，让员工形成一种集体荣誉感、工作责任感。让每一位员工收获到的不只是有形的薪水，满足的不只是生存的需要，还要使员工有实现自我的收获感、事业的满足感，以及与出版企业相生相长的成就感，使员工最大限度地发挥潜能，形成凝聚力，从而使优秀的人才脱颖而出，并能吸引、留住更多的人才。如此，大学出版社就有了强大的生命力。

7.2.2 大学出版社差异化发展内部治理变革的具体举措

1. 进一步理顺出版社与主办单位（学校）的关系

作为企业，大学出版社必须有独立的人事权、财产权和经营权，否则就无法按照现代企业管理制度运作和经营，也就没有活力。为此，主办单位应做好如下工作：清产核资，资产评估，明晰资产的占有量和归属。这样才能使出版社成为享受民事权利，承担民事责任，依法自主经营、独立核算、照章纳税、自负盈亏的独立法人实体，并对出资者承担保值和增值责任。资产界定之后，应该做如下考虑：虽然出版社是高校出资创办的，但由于出版社是经过全体员工的努力才有今天的成绩，为此全体员工应该享有一定的干股参与分配，这样才能充分调动大家的积极性，才能稳定和留住人才。应进一步确立出版社与学校行政管理的关系，学校真正给予出版社独立的经营权，实现学校与出版社分开管理。学校创办的出版社，其最终的产权属于学校，学校享有资产收益、重大决策、资产转移与重组及任命法人代表等权利，但这一切都不能有悖于出版社的长远利益和长远发展，更不能有悖于学校的长远利益。

2. 改革劳动人事制度

出版社间的竞争归根结底是人才的竞争，大学出版社一定要注重人才的培养和引进，要有人才发展的长远计划。具体的措施应该是根据出版社的状况及发展战略，像引进教学科研骨干一样给予优惠的政策，按政治强、业务精、作风正、纪律严、懂经营、善管理的要求，把一些高素质的出版人才吸纳到出版社；起用经过三五年锻炼、能够吃苦、愿意为大家服务的有德有才人，为他们提供一定的发展空间，发挥他们的作用，从而造就出一支高素质的出版队伍。

对于劳动用工制度的管理：一定要采取干部能上能下、竞争上岗的方式，以增强内部活力；工作业绩要采取考核方式，对不适合的人员采取换岗方式，以增强人员的忧患意识；对年轻干部要采取轮岗方式，以达到培训的目的。

对于分配制度的管理：决策者要根据出版社的具体情况和经济实力，进行定岗定编，确定每个岗位的职责范围或工作量，采取竞争方式上岗，各个岗位有不同的规定和工资补贴。

对于激励制度和惩罚制度的管理：奖励应该分两方面，即超额完成利润指标的奖励和对于个别组稿策划困难的编辑的奖励。而惩罚，对于完成利润少和编辑工作量少的编辑来说，其得到的利益少本身就是一种惩罚，因此可以用分配制度来进行规定。但是，如果没完成必要的文字工作量，就要根据具体情况分别给予处理。

从劳动关系看，企业员工实行"老人老办法，新人新办法"，即事业编制的老员工保留退休后回归原身份的权利，但从正式转制之日起，和其他合同制员工一样成为"企业人"，并且逐步由"企业人"向"社会人"转变。

3. 主办单位应对所属大学出版社的特色出版给予扶持

大学出版社属于所在大学的一个部门，与所在大学之间存在着千丝万缕的联系，其成立的初衷也是为大学的教学科研服务。因此，主办单位对所属大学出版社应给予一定的政策扶持。具体来说，学校可出台政策引导本校教师、科研机构应将其著作或成果优先在所属大学出版社出版，学校予以补贴扶持，以帮助所属大学出版社更好更快地走上专业化、特色化发展道路。

4. 打造产学研一体化基地

主办单位可根据学校的专业设置情况、人才培养目标，结合大学社的条件，在大学出版社建立现代化的产业研发和创新基地，充分发挥大学出版社的资源优势。以苏州大学为例，学校依托"传媒学院"出版专业现有的教学条件，将学生及青年教师的培训学习内容部分设于出版社，建立"出版专业培训基地"；同时，"人文学院"也定期或不定期地请出版社内专业人员为学生开讲座。这种方式既便利了学生，也赋予了出版社除经营之外，兼具教书育人的职能，既扩大了专任教师队伍，也提高了出版方面的科研水平。

5. 加强组织管理和宏微观调控，科学发展

（1）加强组织管理，完善体制机制。一是优化出版结构，教材选题开发要跟上专业学术类选题增长的速度，同时建设相应的促进和支持机制。二是解决出版的生产组织问题，简政放权，建立高效、快速反应、审批不拖延、执行力强的生产组织体，加快图书出版，保证图书供应。三是提高产品适应，对适销对路的图书品种努力提高供应量，同时

保证系列图书的持续和产品线的规模。四是加强教学资源配套，提供相应的知识服务。

（2）强化宏观作为。宏观强调的是大学出版社企业层面的整体运作。一是跟上数字化阅读的发展趋势，将纸质阅读率走低导致的图书销售量锐减，通过数字阅读产品的增长来弥补。拓展图书的数字化表现形式，盘活大学出版社的出版资源，推动数字出版流程构建和数字资源库建设，创新和丰富产品表现形式，尤其是基于数字技术的多元化表现形式，全面提升大学出版社编辑出版的技术应用水平和融合发展进程。二是做好渠道扩展，应对教材销售零售化和储运精细化，弥补人口红利的降低。一方面要做好面向教材经销商、图书代办站和相关教师，甚至相当数量学生的营销工作，增加面对面沟通和推介工作量；另一方面要拓宽信息传播渠道并建立多元化的推广和销售渠道，如微信、微店、网上直营店、店中店等，使经销商和广大学生在需要时可以快速找到本社图书，并方便学生订购。同时，还要以储运精细化的思路解决大量小订单及大量单书订单的备货、分拣、包装、物流等一系列问题，确保快速完好地把图书送到学生手中。三是强化成本的顶层控制，把成本降下来，把销售折扣降下来，提升政策条件、服务水平和服务质量。四是提高对作者资源、经销商资源的组织和维护能力。同时，加强选题组织，把零星用量的教材组织起来编写，增加有效品种和有效销量。五是构建教学资源和知识服务网络平台，加强知识服务体系构建，为各类图书在定型出版之后到改版之前，提供动态的基于互联网技术的知识服务，集聚、黏合作者。

（3）强化微观谋划。微观强调的是编辑个体和编辑团队，以及选题个体或产品线。一是建设产品线和产品板块。编辑人员要有这个思路，选题开发时就要动这个脑筋，善于把点做成线，把线做成面；把一个单独的选题拓展成一个系列、一个产品线，再把一个产品线形成一个板块。二是完善产品配套，从选题策划之初就要谋划。不仅要有多媒体、课件，还要有慕课、网络资源、教学服务系统等。三是重视原创开发，强化精品战略和结构优化。加强原创作品的选题开发，适度控制补贴、资助和包销等形式的学术出版及个人荣誉出版类选题数量，推进实施精品战略。尤其要重视多开发顺应国家、行业的意志和高等教育事业改革发展的要求，同时体现大学出版社的定位和追求，指挥棒牢牢掌握在自己手中的原创作品选题，减少对低水平选题的过分依赖，以原创选题开发带动出版质量全面提升。四是在选题开发中要重视以选题开发带动潜在市场，以选题拉动市场，并为此提供必要的推广和维护的支持条件。

6. 探索建立现代企业制度规范的大学社运行机制

大学出版社应以"精简机构、减少层次、重心下移、分类管理"为原则，重点实施"按需设岗、以岗定薪、岗变薪变"的分配政策，逐步完善内部机制，使机构和岗位聘任制改革深入人心。具体地说，在人事制度上，按需设岗，公开竞聘，择优录用，分级管理，责任到人；在劳动和分配制度上，淡化身份，强化岗位，突出业绩，超额超奖，不断完善年终考核制度。对于编辑、营销人员，将利润指标与岗位等级紧密挂钩，鼓励低职高聘，限制高职低聘，鼓励内部联合来强化团队意识；对于行政管理人员，压缩编制，按岗定级，加强考核力度。通过改革完善，全面体现多劳多得、优劳优酬，激励员工在岗位上尽职尽责、积极工作，使工作主动性得到最大限度的发挥。

附　录

课题研究期间
公开发表的研究成果

浅议教材出版的数字化转型问题①

[摘要]　　现代化信息技术的不断发展促使教材出版模式趋于立体化发展，传统纸质教材在多媒体介质的冲击下逐渐失去"垄断"地位。社会发展的多样化铸就了知识载体的多元化特征，数字化教材为知识传播提供了广阔的自由度，也促进了教材出版业的革新进程。新形势下纸质教材和数字教材的有机整合是推动教材数字化转型的"风向标"，也是实现教材立体化发展必要途径。

[关键词]　　数字化转型；立体化发展；教材出版

1. 引言

经济发展促进了社会上层建筑的不断完善。近年来教材出版业取得了长足的发展，生产规模每年加速增长，面对信息化渠道和知识窗口的多元化，教材出版的形式已悄然转型，其中数字化发展成为现阶段教材出版的新思路。如何在转型的关键点打破瓶颈，完成传统出版模式的战略转型，成为新背景下教材出版管理者所关注的焦点。数字化转型并非朝夕之举，必须历经资源整合、技术转型、人才筹备等诸多因素的调研、准备甚至必要的模拟过程。只有明确传统教材出版必须向数字化转型的目标和必要性，构建新型的数字化出版规范体系，才能在未来市场的占领中"捷足先登"，尽快拓展数字化出版范畴，明确数字化出版的发展方向和产品形态。

2. 教材出版现状分析

2.1　新型多媒体介质的涌现使得传统出版模式受到冲击

现代化信息技术的普及使得知识的传播窗口多样化，传统纸质教材

---

① 施小占. 浅议教材出版的数字化转型问题 [J]. 新闻传播，2014（2）.

不再是唯一的知识载体，尤其近年来掌中电子设备的发展使得人们的阅读方式发生了根本性转变，传统纸质阅读的涵盖面不断缩小，学校对教材的需求也呈现多元化模式，除了课堂教育所需要的纸质教材以外，部分配套练习资料很明显趋于网络化和电子化，甚至部分多媒体硬件较好的学校连课堂教学资源都基本以多媒体电子版形式呈现出来，该现象明显冲击到传统纸质版教材出版模式。

知识经济的发展使得信息的传播途径从唯一性向多元化转变，多媒体介质的涌现更能满足当代年轻人的生活习惯。

譬如，手机、iPad、e-book 等媒介的发展使得阅读变得更加随意，对学生而言，某种程度上拓宽了知识传播的课堂范围，因此纸质版教材的使用率相对有所降低，其主要原因是电子设备的便捷性和时代发展的数字化特征更符合当代年轻人的思想。

2.2 数字化出版模式"崭露头角"

在数字化阅读模式的冲击下，教材出版逐渐打破了传统纸质版的限制，部分出版单位已经悄然整合内部机构，从传统的单一部门模式纷纷重组，构建了立体化发展的复合式体系，包括专门服务于数字化模式的出版部、网络部，以及和多媒体相挂钩的信息中心等。

譬如，人们熟知的高等教育出版社在"根植教育，创新超越"的理念下率先打破了传统出版的模式，成立了专门服务于数字化领域的数字媒体事业部。

从出版机构角度出发，教材的数字化出版理念也发生了根本性转变。传统纸质版教材的销售对象一般是院校机构，在营销策略上具有较浓的商业化色彩。然而，该出版理念已经不适应现阶段的数字出版模式，数字化出版最大的特点是面对的服务对象更加复杂，包括院校机构、个人等。现阶段教材出版的典型现状是从出版理念上由传统固定商业化模式转向社会服务型模式，由此可见教材的数字化出版形式已经初现端倪。

3. 数字化转型的必要性探究

3.1 教材数字化是多媒体技术发展的必然趋势

现代化多媒体技术的发展使得人类对信息的获取更加便捷，摆脱了时空的限制。其中，电子读物是多媒体技术发展的必然产物，更是数字化图书出版的主要对象。知识经济推动了整个社会意识形态的变革，人类接受知识的方式由传统模式逐渐转向多渠道模式。

教材的数字化转型是学校教育改革的前提，现代化教育事业的发展离不开对科学技术的应用，包括先进的教学手段和高效的信息资源系统。仅凭传统的纸质教学资源，很难满足迅速扩张的教育规模，只有教材资源的数字化发展，才能在有限的时空限制内体现出现代化教育的成果。

此外，教材的数字化转型和校园多媒体硬件建设相辅相成，某种程度上教材的数字化模式促进了学校在基础硬件建设上的投资力度，从根本上保证了学校培养综合人才的基本实力，同时为不同的学生群体提供了良好的发展平台。因此，教材的数字化转型不仅符合现代化发展理念，更是新时期教育改革的必要条件；教材的数字化出版提供了经济便捷的学习途径，也能够满足社会意识形态的不断进步，成为现阶段多媒体技术发展的必然趋势。

3.2　提供立体化知识存储模式

数字出版相比传统的纸质出版具有灵活、快速、经济等优势，从出版形式上体现出多种形态。一方面，对学生而言，数字化教材不仅在信息的获取上提供了丰富的渠道，而且在信息储存和知识回顾方面充分增强了可操作性，为知识的融合贯通创造了立体化吸收模式。另一方面，数字化教材具备较大的知识承载量，对于学校来说无形中增加了教学资源，而且可以根据一线教师的反馈信息有选择地对学生所需的资源进行及时调整，增强学生课堂知识的实用性和时效性。

3.3　有助于新时期课程资源整合

教材出版的数字化转型的核心是资源整合，由于纸质版教材的出版工作量较大，内容一旦确定以后很难对其做出调整或者进行同类教材之间的整合，而数字化出版很容易响应出版策划的决策，进而提供灵活的基础支持。在资源的整合上，数字化转型的必要性主要体现在对教材同质化整合上，避免了同类教材的反复出版，同时增强了学校教材的创新性，而且在教材精细化研究方面提供了新的思路，能够促使教材研发团队向更加精细和人本化方向发展，从技术路线上给教材策划团队提供了可行思维。

4. 数字化转型的战略措施

4.1　从传统出版商转向信息化服务体系

教材出版的数字化转型并非简单的现代化手段应用，相对传统出版模式来说，数字化转型模式从设计到产品形态的定位过程都体现了现代化服务理念。

教材的出版已经不是传统意义上的印刷出版，更多地体现了当代社会的服务理念。对于出版社来说，数字化转型是一个复杂的系统工程，需要各机构具备共同的数字化发展观，树立共同的战略目标，将数字化出版模式作为出版机构的重要支柱业务，开发潜在的数字化教材市场，改善出版业务的服务质量，使得教材出版成为综合性服务行业，增强社会对数字化出版的认可度。

4.2　构建数字化综合体系

数字化转型并非一蹴而就，必须经过不断的摸索和尝试，转型前期需要对整个行业形势做全面的调研分析，包括数字化教材的应用范畴、学术教育意义及相关的营销机制建设等。

因此，构建数字化综合体系应从数字化阅读、数字化学术服务及数字化营销体系等方面推进工作，通过网络和多媒体介质打造大众化路线的数字阅读模式，这也是数字化综合体系的主线所在。

数字化转型的主要意义在于推动学术教育的进步，加快学术资源的更新进程并且使现有的学术资源有机整合，增强科研单位的综合实力。

此外，数字化综合体系必须以经济收入为支撑，这样才能突破教材出版中数字化转型的瓶颈。

因此，数字化出版产品的营销策略至关重要，体现了该体系的核心价值。鉴于传统纸质出版的声誉历史，在数字化营销方面应尽可能采用与纸质版教材相结合的模式，利用已有营销市场逐步拓展数字化出版市场，增强教材数字化出版的竞争力。

4.3　整合现有资源，搭建现代化网络平台

教材数字化转型的最大挑战是对信息资源的海量需求，因此必须对现有资源进行科学整合，尤其大学教材的数字化出版更需如此，要利用大学现有的数据库，结合局域网共享平台信息，打造适合现代大学的数字化图书出版，这也充分体现了数字化转型的必要性和服务性。

此外，数字化转型必须在出版机构构建现代化网络平台，其关键是要以强大的行业数据库作为依托，要求在整合既有资源的前提下，尽可能和地方相关企业、科研单位及学校机构合作发展，以达到资源共享的目的，最终形成资源丰富的现代化网络平台，为数字化转型奠定基础。

结　论

教材出版的数字化转型使得我国教育趋于多元化模式，为人才发展提供了更加广阔的信息视野，增强了知识的选择性和实效性，提升了对编辑策划环节的响应度。

新时期数字化转型需要对教材出版有全面的调研和认识，只有深刻理解现代化技术的未来趋势，整合现有资源，构建新型数字化网络平台，才能突破数字化转型的瓶颈，促进我国教材出版的健康发展。

参考文献

［1］黄娟琴 . 传统教材出版的数字化转型［J］. 出版参考，2013（19）.

［2］李长江 . 数字出版技术及发展方向［J］. 黑龙江科技信息，2007（3）.

关于高职教材编辑策划工作的思考^①

[摘要]　　教材革新是教育改革的起点，新时期高职教育改革以此为基点，推行多元化的技能教育理念。高职教材出版中，编辑策划是教材质量的把关环节，关乎整个高职阶段的教育成果。优良的高职教材离不开编辑策划者对高职教材的深度认识和严谨专业的研发团队。本文针对高职教材编辑策划工作的现状及未来发展趋势展开论述，探讨未来教育发展中高职教材编辑策划的要点。

[关键词]　　高职教育；编辑策划；教育改革

一、引言

高职教育具有理论与实践高度结合的特点，其教材的编写必须突出高职教育的特色，尤其在经济全球化背景下，人才培养更呈现为多元化的要求。高职教材的编写不仅要体现市场需求的特点，也要符合现代教学理论的发展，更要突出对学生思维的多角度启发，使得高职教材在理论基础上体现出"基础"和"实用"，在技能培养上体现出"能做"和"会做"。因此，在课程动态导向和职业能力培育上，要注重职业和理论相结合的综合素养提高。对此，作为高职教材编辑策划工作者，必须增强自身的综合教育意识，不断夯实高职教育阶段的基本理论，深刻理解该阶段的教育目的，将高职学生的未来职业发展和学校教育任务紧密结合起来，在教材编写环节严格把关，只有这样才能对未来高职教育的发展起到基础性保障作用。

---

①　施小占.关于高职教材编辑策划工作的思考[J].传播与版权，2014（2）.

二、高职教材出版及编辑策划现状分析

（一）缺乏针对性

传统观点认为，高职教材和本科教材的区别仅仅体现在难度上，这导致在高职教材的编写上主观地降低编写要求，在编辑策划中忽视了高职教育中学生的特殊性，故而高职教材大多是本科教材的压缩版，完全没能体现出高职教育的差异性和实践性，在知识点的涵盖上基本类同于本科教材，唯独难度普遍有所降低。正是这种简单的编辑理念，使得现阶段关于高职教材的出版"百家争鸣"，该现象严重影响了我国高职阶段的教育质量。从学生角度出发，这种缺乏针对性的教材使得高职学生在学习中很难做到面面俱到，毕竟高职学生和本科生在基础上存在一定的差异，久而久之学生对教材理论知识顾此失彼，最终与教材编排的目的背道而驰。

此外，在高职教材的出版中，编辑策划者大多来自学术界，尽管在理论研究上熟练掌握高职教材的脉络，然而对高职学生未来职业岗位需求的实际经验不足，使得教材在侧重点的编排上大打折扣，这也是高职教材中最典型的现状。许多学生在走向工作岗位时觉得工作所需要的技能基础和高职阶段的理论知识基本脱节，其主要原因就在于教材的针对性不够。

（二）教材内容与技能培训脱节

高职教育的目的是为学生未来的职业生涯作铺垫，使学校教育和岗位技能接轨。然而现阶段我国高职教材在学生技能培训上的侧重力度不足，学校教材一味地强调课堂理论化，忽略了课堂教育和校外技能培训的有机衔接，某种程度上影响了学生未来职业生涯的发展。因为高职院校的毕业生在学历上不具备和本科生的竞争优势，职业技能相关证书成为其主要的竞争手段，所以高职教材编辑策划是否针对该阶段技能培养的特征，将成为高职教材出版环节的核心要点，也是现阶段高职教育改革的重点。

（三）规范化管理体系亟待完善

现阶段对高职教材的编辑策划评估机制尚未完善，某些大学或者出版机构为了提升声誉尽可能地采用以学校为特色的教材编辑，某种程度上在教材内容的策划上存在主观随意性，甚至某些高职院校直接由任课

教师完成各学科的教材选用，这种模式无形中增加了高职教育的随意性，缺乏以学院或者以学校为单位的集体研讨体系。由于做出选择的任课教师大多是具有多年教龄的资深教师，某些观点与新时期发展不相适应，直接后果就是教材在新颖性上大打折扣。另一方面，不同教材版本中对同一基本知识的表述方式差异较大，这也是现阶段高职教材编辑策划环节亟待解决的问题，其根本原因是编辑过程中对总体规范文件的遵守不到位，使得教材在措辞和概念描述上存在主观性。

（四）编辑策划者对高职教育的理解不够深刻

随着教育普及化程度的提高，高职教材的校园需求量提升，教材的出版量大幅增加，对编辑策划的工作量提出了严峻的考验。为了满足经济利益的需求，部分传媒机构对编辑策划人员的门槛要求较低，人员的专业素养良莠不齐，相当一部分编辑策划工作者对高职教育的特征认识不到位，最终影响高职教材质量的提高。

三、新背景下高职教材编辑策划工作的要点

随着我国教育事业的发展，高职教材出版呈现出空前的繁荣景象，在内容、形式的发展上都取得了巨大的成绩，诸多出版机构纷纷"登场"，无形中增加了高职教材在编写、审阅、出版各环节的竞争，对编辑策划工作提出了更高的要求。

（一）"量身定做"打造优质高职教材

高职教材的针对性要求教材内容不仅体现理论知识的全面性，更重要的是要为高职学生未来的职业岗位服务，体现一定的专业基础性。这就要求编辑策划环节一定要注重高职教材的针对性，为高职学生量身打造出适合该阶段的优质教材。适合高职学生的优质教材必须从社会角度出发，根据校外职业等级培训机制，以资格证书考核标准为参考，有目的地将行业技术灌输到课堂教育，提高职业教育的实用性价值。打造优质高职教材，对编辑策划工作的要求必须建立在课程内容的有机整合基础之上。对策划者来说，教材内容的有机整合必须具备对整个教育过程的高度认识能力，在创新性和理论性上都有突出的特色。应根据高职学生的基础状况，有的放矢地制订教材编辑方案，斟酌如何将产业化经验注入高职教材，只有和产业化接轨的高职教材方可体现出编辑策划环节的针对性和高职教材的含金量，才能有效提升高职教育的课堂成果，为

培养综合人才做出更大的贡献。

（二）深化对高职教育的整体认识

编辑策划工作的基本要求是对整个高职教育过程有深刻的理解和认识，必须立足于综合技能化的教育理念，以教学大纲为指导，有机整合课堂教材与社会实践。因此，对高职阶段的教育本质必须彻底领悟，以基本理论为依托，在新教材的编排上注入编辑策划者的创新意识。比如，当今社会高度发达的信息化理念是新型高职教材的主要发展方向，编辑策划工作在理论认识的基础上必须兼顾对信息化技术的理解和认识，将传统理论模型和国际前沿科技有效整合，深化从课程设计到策划出版过程中的整体性认识，使得教材章节之间、知识板块之间体现出密不可分的有机整体性。

对高职教育的整体认识也是编辑策划工作的基本素养，体现了编辑策划者在教材把关环节的新课程观和教材观，以及对学生职业发展的综合技能培养观念。高职教育对学生走向社会起着承前启后的作用，在策划环节中，教材必须具有时代特征，体现教育的核心作用，这也是对高职教育认识的基本要求。此外，现阶段对高职教材也要赋予不同领域的文化色彩，这样能够保证学生在理论基础的掌握上尽可能提升自身的人文素养，满足新时期综合教育的要求。

（三）分析借鉴优质教材编辑经验

高职教材编辑中对经验的总结分析至关重要，尤其对于处于课程改革过程中的教材编辑更是如此。优质教材在师生群体中的反馈信息能够对编辑策划工作起到引导作用，借鉴成功的经验能够使高职教材编辑策略更加科学和富有社会价值，同时根据社会发展和学生意识形态的转变，丢弃传统的、滞后的编辑理念，尽可能使现阶段高职教材体现出其社会价值。编辑经验的积累除了对现有国内编辑案例的分析总结以外，借鉴并且引进海外案例中的编辑策略将成为我国高职教材的新鲜元素。譬如，在职业教育上不同国度所倡导的教育理念各不相同，英国侧重于职业教育的多维化培养，在教材打造上引入了多角度视野，使学生的职业发展前景更加广阔。美国在职业教育方面强调多元化模式，侧重对象的多样化及评估内容的多层次性。因此，借鉴不同政体制度下的教材编辑策略不仅能够拓宽学生的视野，更重要的是能够从根本上丰富学生的思维模式。

（四）建设专业的研发团队

教材的编辑策划工作是一项复杂的系统工程，需要学术界和行业专业人士共同参与。优质高职教材的编写需要专业研发团队的创新思想和对未来社会发展需要的准确把握，只有将高职教材编辑策划作为一种研究课题，组建理论和经验素养较高的专业研发团队，才能打造符合现代化发展需求的高职教材。研发团队的建设首先需要具备创新教材的意识。教材编辑策划的研发具有较高的学术境界，因此其起点务必立足于未来社会发展的需要。研发团队的教育理念要尽可能同国际教育思想接轨，避免国内教材研发的滞后性。尤其在当今经济全球化环境下，国内社会意识形态已普遍与国际发达国家相融合，在高职教育理念上研发团队必须保持与时俱进，保证高职教材在策划环节注入新鲜的创新思想，让高职学生在较低的起点上获得高质量的校园教育和超前的国际创新意识。

（五）构建规范化管理体系，优化编写策略

教材的编辑策划必须依托于成熟的规范化体系，从事高职教材的编辑策划者除了具备完整的高职教育体制观以外，还必须遵循现有的规范体系，按照既定的标准进行决策，将宏观内容的选择和章节学时的制定等诸多因素都视为编辑环节的参考因素，在统一规定的框架内充分发挥编辑者的主观能动性，提供最优质的编辑策略。高职教材的编写策略无疑和技能培养紧密结合，在规范化体系的约束下，尽可能地采纳一线教师的观点，并且需要对高职学生做全面的市场调研，力求编辑策略和学生兴趣实现有机结合。高职教材的规范化体系必须注入现代化信息技术的元素，通过编辑策划工作将标准规范体系、资源评估体系、市场调研体系等有机地结合在一起。同时，采用现代化多媒体技术对现已采用的编辑策略以总结性报告的形式反馈出来，针对现阶段社会发展现状及已有的编辑策略经验，制订符合多元化发展模式的编辑策略，使得高职教材的编辑趋于多维化和数字立体化。

四、结语

随着教育改革的不断深入，现阶段对高职教材的编辑策划提出了更高的要求。编辑人员必须通过自身素养的提升及加深对高职教育的领悟，打造富有针对性的新型高职教材，避免课堂教材与高职教育特征相背离的现象。同时，已有的编辑策划经验可以对未来编辑策划工作起到有效指引作用。高职教材的编辑策划离不开规范化管理体系的约束，尤其在现代化信息技术高度发达的当代，构建符合时代特色的规范体系是打造优质高职教材的保证。

参考文献

［1］贺志洪．高职教材策划，细节决定成败［J］．科技与出版，2007（9）.

［2］刘潇．我国高职教材出版问题探究［D］．苏州：苏州大学，2008.

［3］汪守建，贾长云，朱敏．高职教材编写的思考［J］．机械职业教育，2004（12）.

大学教材出版存在的问题、原因及对策①

[摘要]　　目前，很多大学教材出版存在着问题。本文分析其形成原因，从完善相关法制建设、切实保护知识产权、完善大学课堂教材选用方式几个方面进行思考，希望针对加快大学出版社改革及加强政府职责几方面给出问题解决方法。

[关键词]　　大学教材；出版；知识产权保护

近年来，随着我国高等教育体制的不断改革，高等教育取得了跨越式的发展。与此同时，大学教材出版也进入了一个新的历史时期，各学科、各专业涌现出了一批具有代表性的优秀教材，这为提高大学课堂教学质量和培养优秀人才奠定了良好的基础。但是，在大学教材出版快速发展的过程中也出现了很多问题，如低水平重复出版严重、编辑和编写质量低等。出现这些问题的原因是多方面的，本文就此提出问题、分析原因、提出对策建议。

一、大学教材出版目前存在的问题

第一，低起点、重复出版严重。高等教育体制的改革带动了高等院校快速的发展，无论是学校的规模还是师生的数量都有了很快的增长，同时大学的快速发展带动了大学教材出版的快速发展。这一现象在一些通用热门学科更为突出，例如随便到图书馆资源库搜索一下，一些通用专业的教材，类似计算机应用技术和会计学等，每科都不下几十种，有的甚至上百种。虽然教材资源如此丰富，但是如果打开仔细看看，会发现很多内容大同小异，雷同度很高，大家相互抄袭的多，自己创新的少，存在严重的侵犯知识产权的现象。此外，大学出版机构对于新出版

---

①　施小占．大学教材出版存在的问题、原因及对策［J］．长春教育学院学报，2014，30（9）．

的教材一般只做流程上编辑、排版工作，对于内容上的审查也只是走走过场，流于形式。

第二，新编教材内容陈旧，与现实教学脱节。现在大学出版的很多教材不注重内容的更新，一些知识往往照搬硬套，不能及时更新知识的内容。例如一本某出版社 2008 年出版的机械制图专业的教材，里面讲述的绘图软件还是 AUTOCADR14，该教材主编竟然不知道 AUTOCADR14 这种老版本软件在大学计算机教材中早已经销声匿迹了，现在大都是使用 AUTOCAD2004 或者是更高版本。还有一些经管类的教材，由于现有的法规规范更新得快，但是编教材的人缺乏与时俱进的思想，因而导致一些新书上使用老规范、老方法，结果学生拿到书后感觉内容陈旧，根本不能使用。

第三，知识结构混乱，漏洞百出。大学教材出版的质量问题不仅表现在内容上、印刷质量上，还表现在知识框架结构上。很多教材由于粗编乱造，内容设置很随意，不注重章节内容之间的衔接，有时出现章节内容重复，有时还会出现章节内容之间脱钩，缺乏系统性和整体性，因此严重影响了教学和学习使用。调查结果显示，目前市面上出版的大学教材，其整体错误、漏洞缺陷情况要远高于国家出版相关规定数值。

二、大学教材出版问题产生的原因

导致大学教材出版问题产生的原因是多方面的，但归结起来主要有以下几方面：出版的法制环境、出版体制问题及教育体制问题。

第一，教材编写者及部分出版社版权意识差，存在不正当竞争。目前我国对于知识产权保护的意识较差，各种盗版、"山寨"产品盛行，严重扰乱了正常的市场竞争环境。一些教材编写者在编写教材时，就是拿几本类似的教材过来，东拼西凑，整段引用，整节照搬，这样自己的一部教材很快就出来了。但是，翻开全书几乎没有自己原创的部分。当谈起这个问题时，他们往往还觉得这很正常：首先，对同一种知识的论述，正确的观点大家都是一样的，好的东西大家都能用；其次，只是参考而已，又不是全文照搬，况且书后参考文献中已经说明，引用很正常。抱着这种心态对待出书，肯定千篇一律，越出越烂，很难出现精品。另外，出版单位出于经济利益等各方面考虑，对拟出版的教材"三审"基本上流于形式，很少在内容审查上花工夫。原有作者即使发现自己的作品被抄袭，但就目前我国的知识产权保护状况而言，很难有时间和经济力量通过法律途径去追究其责任，这在一定程度上也导致了盗版、抄袭、"山寨"之风的蔓延。

第二，大学出版机构体制不成熟，优秀作品难以推出。目前，我国出版体制还处于改革运行阶段，还不够成熟。尤其是很多大学的出版机构还是学校的一个下属机构，没有成为一个独立的法人主体参与到市场竞争中来。多数的大学出版机构更侧重于为本校教学工作及其科研服务，一般就是完成学校下达的出版任务。因此，受体制困扰和短期经济利益诱惑，一般大学出版机构目光较短浅，缺乏长远发展和市场竞争概念，以至于难以产出优秀作品。

第三，目前我国的教育体制问题是大学教材盛产的根源之一。目前我国大学教师评定职称、晋升等级需要的硬件就是论文、著作成果，而很多大学教师平时都是以教学为主，专心搞科研的毕竟不多，这样就很难拿到成果。尤其对于一些基础学科的教师，例如数学、英语，都是很成熟的学科，新的成果的确很难取得，这就为他们职称评审、晋升带来很大的麻烦。但是出书可以算作职称评定、晋升的成果，这就为很多大学教师获取成果提供了一条捷径。因此，大学教师对于教材的编写有着很高的热情。同时，在大学教学的过程中，本院系的老师一般就指定使用本校出版的教材和习题集，学生没有选择的空间余地。这就造成真正优秀的教材难以到达学生手中，这样既不利于教学，也不利于学生学习。现在，大学的办学规模越来越大，一本学校自编的教材，如果学校指定校内全部使用，就有很大的需求量，出版社考虑到经济方面的利益也很热衷于帮助教材编写者出版。

第四，教育主管部门在教材规划过程中批复了很多重复性选题是教材多产的另一个原因。教育主管部门在教材规划审批的过程中，对于同一种选题批复得过多。随便在教育主管部门公布的教材编写规划数据库里搜索，一般同种题材的都有十几种甚至几十种。同一选题的教材批复得多，自然造成相同内容教材出版得多。

三、提高大学教材出版质量的对策与建议

大学教材出版要解决以上问题，根本出路是建立起一个公平、公正的市场竞争环境，需要从以下方面做起：

　　第一，完善相关法制建设，切实保护知识产权。对于目前我国学术界知识产权保护意识差，各种盗版、"山寨"现象盛行的现象，政府与相关职能部门应加强知识产权保护方面的宣传与教育工作，在社会与学术界营造一种尊重知识、尊重人才的氛围，加大对学术界各种抄袭、剽窃行为的打击力度，让抄袭者名声扫地，付出惨痛代价。政府应加快完善保护知识产权的相关法律规范，并在执行过程中落到实处，真正使各种抄袭、剽窃、"山寨"现象无处藏身。

　　第二，完善大学课堂教材选用方式，提高大学教师编写教材的质量。教育部门与大学应出台相关规定，对于大学自己编写的教材可以向学生推荐，但不能硬性强制学生使用。在校学生规模超过一定量的大学，在教材的选择上应有多种选择方式，可以提供多个出版社的同种教材供学生选择，如何选择由使用者决定，把选择权交予使用者，这样就能形成一种优胜劣汰的竞争环境，让劣质的教材退出大学的课堂。

　　第三，加快大学出版社改革，强化其品牌竞争意识。为了不断推动大学出版机构的改革，大学出版机构要强化自身的竞争意识，不能一味地追求短期的经济利益，应树立正确的出版方向，强化社会责任意识。在教材的选题、编写、出版过程中，要加强审查，层层把关，多出精品，提升自身品牌形象。

　　第四，加强政府职责，在大学教材编写与出版的过程中，政府及其相关职能部门要有所为，有所不为。

　　首先，鉴于目前我国大学教材出版市场已经得到了充分的发展，建议教育部及其各级教育主管部门不需要再进行大学教材出版规划工作，把大学教材出版工作推向市场，政府和相关职能部门的职责是去建立和完善一套公平、公正的市场竞争环境，让教材编写出版者能进行公平竞争，实现优胜劣汰。

　　其次，教育主管部门应尽快出台一套科学、权威的大学出版教材的评审评价体系，进行公开评审，引导教材编者和出版社正确认真对待教材的编写和出版，进而提高教材出版的质量和内涵。

　　最后，对于大学必须使用而不能或不便于由市场组织出版的教材，可以由政府规划和资助出版。

结语

大学教材的出版质量对于提升大学课堂教学质量、促进学生的知识接受有着关键的作用。建立一个良好的教材出版氛围，不但有利于知识的传播，更有助于加强知识产权保护、促进学术繁荣。

参考文献

［1］王子康．大学专业教材出版面临的问题及对策［J］．科技与出版，2008（6）．

［2］姚文兵．大学教材出版存在的问题、原因及对策［J］．大连海事大学学报（社会科学版），2009（6）．

［3］周义军．关于建立大学教材评价体系的思考［J］．现代出版，2011（3）．

转企改制后我国大学出版社的
市场定位策略研究①

[摘要]　　当前，我国各大学出版社虽然在转企改制后成为市场竞争主体，但绝大多数大学出版社仍然存在市场定位模糊、发展战略不清晰等诸多问题。本文依据分众传播理论和市场细分理论，针对大学出版社的市场定位问题，提出大学出版社应根据新时期出版市场的发展情况，结合自身特点，在市场定位策略上可以实施差异化发展战略、品牌战略、数字战略、国际化战略，以此推动自身业务的持续性增长。

[关键词]　　转企改制；大学出版社；市场定位；差异化

随着出版全球化、数字化的推进，为培育更具有竞争力的大学出版企业，进一步解放和发展大学出版社的生产力，在中央的部署下，从2006 年开始到 2009 年年底，我国 103 家大学出版社基本完成了转企改制任务。转企改制为大学出版社细分读者对象、重塑市场主体提供了发展空间，同时为遵循出版规律、破解行业困局增添了动力。但是，转型后的大学出版社，绝大多数还存在不适应自身市场角色的变化、市场定位模糊、发展战略不清晰等一系列问题。

一、转企改制后我国大学出版社面临的新环境和新问题

（一）转企改制后原有政策性福利逐渐消失，经营压力变大

改革开放以来，我国大学出版社取得了巨大的成就。然而若对其所获成就进行分析，我们会发现这其中虽然有不少大学出版社是靠着自身的奋发图强、辛苦经营发展壮大起来的，但是其中原有计划经济体制下

---

①　张建初，施小占，李志杰. 转企改制后我国大学出版社的市场定位策略研究 ［J］. 传播与版权，2016（8）. 本文系教育部人文社会科学研究规划基金项目"大学出版单位差异化发展研究"（项目批准号：15YIA860019）阶段性研究成果。

主管主办单位对其进行的政策性扶持也是无法忽略的。如国家对大学出版社 2009 年以前的税收优惠政策及转企之后的所得税免征政策、中小学教材出版和编写的招投标政策、大学扩招政策、大学部分公共课教材的指定出版使用政策、主管主办单位的倾向出版政策等。这些政策性福利一度给大学出版社创造了巨大的经济效益和社会效益，为其打下了良好的产业基础。

然而，这种状况随着我国文化体制改革的进一步深入、文化市场的逐步放开和向市场经济体制转型，大学出版社原有的政策性福利优势已逐渐不在。以大学出版社最重要利润来源的教材出版为例，伴随中小学教材招投标范围的逐步扩大和大中专教材的进一步放开，大学出版社在教材出版方面的竞争愈加激烈。究其原因，一方面，各大学出版社教材出版的重复性非常严重，学校大多选用自行组织编写的校本教材，教材发行量较少，压缩了各大学出版社的利润空间；另一方面，随着大型出版集团和专业教育出版社及民营书商在教材出版方面投入力度的加大，其开发的国家规划教材、优质教材，大学出版社根本无法与其竞争，结果就是生存空间和利润空间进一步变小。此外，由于大学出版社身份比较特殊，作为校办企业，每年还要向所属学校上缴利润，这也使得大学出版社经济负担较大，经营压力巨大。

（二）出版集团化趋势进一步压缩了大学出版社生存和发展的空间

国家新闻出版广电总局的数据显示，目前我国已组建 38 家大型出版集团。出版集团的出现对大学出版企业的发展构成了巨大的挑战和威胁，进一步压缩了大学出版社的生存和发展空间。

从发展情况来看，目前我国大多数出版集团的整合都是以地域、行政为纽带建立起来的，这些集团建成后一般会在原有基础上迅速占有、固化和垄断相对固定的市场空间，这就导致出版业出现了市场高度分割的状态。再来看我国的大学出版社，其属于国有独资性质，所属大学往往是其唯一的出资机构，这就决定了虽然大学出版社都已完成转企改制，但是难以像其他的出版社那样可以自由地兼并重组。诚然目前也有一些有实力的大学出版社组建了出版集团，但是目前这些大学出版社集团多是只能走内涵式发展道路，如北师大出版集团、广西师大出版集团、陕西师大出版集团等有实力的几家大学出版社，与中央、地方出版社所走的外延式集团化道路完全不同，其规模也难以与具有内在联络机制的集群竞争优势的大型出版集团相媲美。鉴于大学出版社的体制特征，其在市场中无法打破已经被大型出版集团分割完毕的市场，这就导致其生存和发展的空间、出版资源、信息资源、共享资源都被严重挤压，面临内忧外患的双重制约，发展形势日益严峻。

另外，随着数字技术的发展，近年来国内许多大型出版集团凭借其资金、技术、内容资源优势纷纷开始涉足数字出版业务，纷纷制定了长期的数字出版发展规划，将其作为未来投资发展的主要领域和利润增长点，数字技术对传统出版流程的冲击越来越大。目前已经设立了专门的数字出版公司的出版企业有中国出版集团、中南传媒出版集团、上海世纪出版集团等。其中，上海世纪出版集团、中国出版集团还自主研发了属于自己的阅读终端产品，搭建了中国数字出版网、易文网等数字内容服务平台，而浙江出版集团已实现了"数字出版内容+平台+终端"的整个产业链的贯通。这些对于资金、资源都较弱的大学出版社来说，未来若不能凭借自身优势抓住数字出版机遇，积极融入并创新，发展空间还将进一步被压缩。

（三）机制改革、班子建设和经营理念转换任务艰巨

大学出版社转企前享受事业编制待遇，员工工作的积极主动性明显不高，普遍缺乏危机意识和责任感，单位的管理机制、班子建设和经营理念多停留在计划经济体制的框架内，这些体制机制和经营理念已不适应市场经济发展的要求。转企后，虽然绝大多数大学出版社按中央要求进行了一系列适应市场机制的改革，出台了一些措施和办法，但是我们通过对全国二十几家较典型的大学出版社的问卷调查发现，转企近十年后这些出版社仍然无法摆脱体制上的束缚，如这些出版社的一、二把手仍然是由所在学校提拔任命、享有正处级待遇，而不是由出版社内部民主选举产生，这就造成了一、二把手经营主体责任意识不够、危机感不强，同时造成了出版社内部激励不足、员工工作积极性不高的局面；另外转企后虽然遵循"老人老办法，新人新办法"的人事管理制度，但是仍然普遍存在不公平的现象，如"老人"福利待遇、职位晋升、评优等方面较"新人"仍具有先天的优势，而"新人"大多与上述无缘。

因此，目前大学出版社还需要进一步改革，任重道远。

（四）出版全球化带来的压力越来越明显

从全球范围来看，出版业发生了很多重大的变化，如产业集中度提升、兼并重组日趋激烈、国际市场反复被瓜分等。我国加入 WTO 后，在加强与国际出版的合作和交流的同时，也不可避免地被卷入这场深刻而广泛的竞争中来，经济全球化和科技的快速发展正以势不可挡的力量改变着出版业的格局。可以预见的是，随着我国出版政策对国外资本的进一步放开，外国出版业将会凭借雄厚的资本和庞大的规模、成熟的管理运作方式、先进的科技手段及丰富的市场营销经验进入我国，这就必然对国内出版业造成巨大的市场压力。而大学出版社无论资本规模还是出版资源都相对较小，伴随着国内出版市场的进一步开放，要面对的不仅是来自国际图书市场的竞争，还将面临资本、出版资源和技术力量等多方面的国际市场挑战，这将给大学出版社带来沉重的压力。

二、当前我国大学出版社市场定位现状及存在的问题剖析

"市场定位"这个概念是 20 世纪 70 年代由美国学者阿尔·赖斯提出的。阿尔·赖斯认为，市场定位的目的是使本企业从战略上进一步明确经营目标和方向，使顾客明显感觉和认识到本企业的产品和服务与其他同类企业的差别，从而给顾客留下鲜明而深刻的印象。为达到这一目的，企业需要在对目标市场上同类产品的竞争状况进行分析，在此基础上再依据顾客对该类产品某些特征或属性的关注程度，为本企业产品打造有强烈冲击力的、与众不同的鲜明特征，并将其形象想方设法采取各种方式主动地传递给顾客，求得顾客认同。

从上面的分析我们可以看到，我国大学出版社转制为企业后，作为市场参与主体，要想在激烈的市场竞争中站稳脚跟并谋求长足发展，一方面要认清市场形势，另一方面也必须对图书市场进行准确的市场定位，以把握消费者的现实需求与潜在需求。那么，大学出版社该如何进行市场定位呢？根据市场定位的理论，大学出版社市场定位就是在将出版物市场进行细分的基础上，根据市场细分的结果，结合自身的资源和能力及出版物市场的竞争状况，选择最适合本出版社的细分市场作为目标市场，然后根据目标市场打造出自己与众不同的产品或服务，以更大程度地争取消费者的认同和购买。

（一）我国大学出版社市场定位的现状

关于我国大学出版社的市场定位情况，我们从各大学出版社网站中的产品介绍和许多专家学者的研究中可以看到，目前市场定位明确、市场竞争力强的大学出版社还屈指可数。我国大学出版社的出版范围几乎雷同，都是教材教辅和学术著作，以及少部分的社科图书，至于数字出版则刚开始起步，各大学出版社普遍缺乏远景规划。特别是最后进入市场的十几家出版社，更是毫无市场经验，根本谈不上科学的市场定位。

（二）我国大学出版社市场定位存在的主要问题

查询 2015 年 1 月 1 日中国出版年鉴杂志社有限公司出版的《中国出版年鉴 2015》可以看到，2014 年我国各大学出版社出版的图书品种仍然还集中在教材教辅、学术著作、社科类图书方面，教材教辅出版仍然是大学出版社最主要的利润源泉。

我国大学出版社在市场定位上存在的问题主要表现为以下几点：

（1）出版范围大部分局限于教材教辅和从国家新闻出版广电总局发布的历年数据来看，我国大部分大学出版社的出版范围都局限于教材教辅和学术著作，但是其中绝大部分又都是教材出版，学术著作出版和其他图书所占比重太小，出版范围太窄，利润过于依赖教材，不利于出版社的可持续健康发展。此外，我国还有许多大学出版社由于经营手段落后、策划能力不足或市场意识太差，导致没有能力策划好的选题，缺乏明确的市场定位，而主要依靠作者自费出书或科研经费出书维持生存，生存和发展压力巨大。

（2）市场特色不突出，缺乏品牌意识。我国许多大学出版社虽然出书品种也不少，但是很少能够形成品牌，特色产品的缺乏不利于形成固定的消费群体，这就要求出版社要了解受众的特点及受众的消费需求，加强市场调研能力，在此基础上打造特色出版产品，创建自己的出版品牌。

（3）市场意识淡薄，经营理念落后。作为文化产业的重要组成部分，我国大学出版社刚刚完成转制，大部分大学出版社市场意识还比较淡薄，经营观念和经营手段较为落后，缺乏科学的理念对其经营进行指导，这就决定了其市场竞争能力较差。

（4）普遍缺乏优秀的编辑和营销人才。随着图书市场竞争的激烈发展，目前我国许多大学出版社急需拥有更多优秀的编辑和营销人才，需要建立自己优秀的编辑团队和销售团队，但是大多数大学出版社出于体制和激励机制方面的原因，无法招聘到一流的编辑和营销人才。人才的匮乏进一步制约了大学出版社的发展。

三、新时期我国大学出版社市场定位的策略选择

（一）差异化发展战略

根据分众传播理论，出版传播需要根据受众的不同特点和信息需求进行。而根据市场细分理论，出版传播要根据消费者的不同需求生产小众化的产品。依据这两个理论，差异化战略应是大学出版社进行市场定位的首选战略。具体来说，我国大学出版社的差异化战略，就是要在细分图书市场的基础上，确立自己的目标市场，并为这一目标市场的消费者提供差异化的出版产品和出版服务。如外研社以英语学习为其主要目标市场，其出版的《许国璋英语》《新概念英语》等，至今没有任何一家出版社能与其匹敌。

（二）品牌战略

品牌战略是差异化战略的进一步深化，体现了准确的市场定位。为在消费者心中树立良好的企业形象，培养消费者的忠诚度，我国大学出版社要注意在差异化战略的基础上打造自己的品牌，培育自己的品牌出版物或品牌出版物系列，以增加重复购买。

大学出版社在实施品牌战略时，可以具体采取以下策略：（1）可以依托大学品牌，借助主办大学优势专业打造自有品牌。如武汉大学出版社借助武汉大学测绘专业强项，打造了全国独一无二的测绘品牌，取得了非常丰厚的经济效益和社会效益。（2）打造品牌产品。可以集中力量做好一种或一类出版物，在此领域树立良好的企业形象。如清华社紧紧抓住计算机类教材，倾力打造，最终成为这一领域的领先者。（3）打造作者品牌。一个好的作者本身就是具有无穷潜力的品牌，出版物的作者是出版社最重要的资源，其本身就是对图书质量最有力的承诺和保证。同时，多产的名作者往往又会形成一系列的品牌图书，可以实现品牌的系列化、持续化发展。成功运用作者品牌的大学出版社有很多，如外研社出版的《许国璋英语》一版再版。

（三）数字化战略

目前，数字化出版已成为中国出版业的新增长点。根据中国新闻出版研究院院长魏玉山《中国数字出版产业年度报告》，从 2006 年开始到 2013 年，我国电子图书的收入增长年均为 78.16%。而到了 2014 年，我国数字出版产业收入已达到 3387.70 亿元，比 2013 年增长 33.36%，数字出版产业收入在新闻出版产业收入的总占比由 2013 年的 13.90% 提升至 17.10%。因此，大学出版社实施数字化发展战略已是势在必行。

目前，大学出版社在实施数字化战略时需要注意以下事项：（1）鉴于大学出版社大多为资源、技术、人才等都较弱的中小出版社，在实施该战略时要注意借鉴大型出版社或出版集团的成功经验，同时在发展数字出版条件不具备的情况下，可利用自身优势与网站或网络公司合作打造自己的数字出版平台，开发数字出版产品；（2）应注意加强自身建设，积累内容资源，并按体系制作成电子文本资料。

（四）国际化战略

出版国际化战略也是差异化战略的具体体现，是与数字化战略相互促进的战略。随着出版全球化的推进，我国大学出版社要积极参与国际出版市场的合作与竞争，一方面要尽可能把国内优秀的出版物推向国际市场；另一方面要积极为国内读者引进国外优秀的出版作品，以取得更大的竞争优势，获得高额的经济效益。

大学出版社实施国际化战略时，通常可采取如下措施：（1）根据市场调研情况和国内受众需求，在对图书市场精确细分的基础上，以购买版权的方式积极引进国外优秀作品。这方面比较成功的如外研社的《新概念英语》、清华社的外版计算机教材等。（2）根据自身出版资源情况开展积极的版权输出，要因地制宜地对拟输出的图书品种进行适当改造，使之更加适应引进国的读者习惯。（3）要善于利用各种国际性的图书博览会，积极开展图书的版权引进和输出工作。（4）还可以借助网络出版积极开展国际出版合作，开拓国内外数字出版市场。

四、结语

转企改制后大学出版社市场生存压力日益加大，为进一步确立市场主体地位，不仅需要继续进行体制、制度、机制等方面的改革，还要开展内容创新，探索建立有效的盈利模式和商业模式，任务非常艰巨。而要达到这些目标，大学出版社就必须首先进行正确的市场定位，在市场定位的基础上进行一系列改革和突破。需要注意的是，在选择上述市场定位策略时，大学出版社一定要结合自身条件进行，可几种战略并行，也可集中精力发展一种战略，待该种战略实施成功后再进行其他战略。

参考文献

［1］国家新闻出版广电总局规划发展司．2013 年中国新闻出版统计资料汇编［M］．北京：中国书籍出版社，2013．

［2］王金龙．大学出版社的品牌经营战略［J］．出版参考，2012（33）．

［3］柯慧．大学出版社的数字出版运营平台研究［D］．武汉：武汉理工大学，2012．

［4］蔡翔．大学出版发展战略研究［M］．北京：中国传媒大学出版社，2008．

大学出版社发展数字出版的
必要性及应对举措①

[摘要]　　数字出版给大学出版社的跨越式发展带来了机遇，但是对大多数规模较小的大学出版社来说又是巨大的压力和挑战。如何在数字化语境下推动大学出版社的数字转型，优化其发展环境，是目前大学出版社普遍面对的问题。本文就我国数字出版的现状进行了分析，在对大学出版社发展数字出版的必要性和面临的困难进行分析的基础上，提出大学出版社要在数字出版方面有所建树，须统筹全局，注重长期策略规划；创新形式，拓展数字出版市场；整合资源，优化出版单位管理模式；依托网络，转变传统出版的销售模式。

[关键词]　　数字出版；大学；出版社；应对举措

随着时代的进步与发展，科技逐渐与人们的生活相融合，这对图书的出版、销售等整个流程都起着不可小觑的推进作用。在出版过程中，数字化技术与图书出版相互促进、相互发展，逐渐实现出版行业的现代化。鉴于此，单纯的传统出版已不能适应时代的发展与人们的需求，出版社必须在原有的传统出版的基础上不断创新，融入新的元素，借助互联网这个强有力的媒介，增强自己的市场竞争力，扩大自己的发展领域。大学出版社作为传统出版社的一员，在传统出版向数字出版转型的过程中更应适应当今阅读环境和出版环境的变化，继续在教育出版领域发挥其应有的作用。

---

①　施小占，张建初，李志杰. 大学出版社发展数字出版的必要性及应对举措 [J]. 科技与出版，2016（7）. 本文系教育部人文社会科学研究规划基金项目"大学出版单位差异化发展研究"（项目批准号：15YIA860019）阶段性研究成果。

1. 我国数字出版产业及大学出版社数字出版的基本情况分析

1.1　我国数字出版业的数字出版情况

（1）涌现出一大批知名数字出版企业

目前，我国数字出版产业发展迅猛，参与者众多，在很多板块都表现活跃，如期刊数据库方面的同方知网、万方数据、维普资讯、龙源期刊等；电子图书方面的方正阿帕比、书生、超星、中文在线等；原创文学网站的起点中文网等。尽管我国数字出版产业在不同板块已形成了一些知名企业和品牌，但在数字化的发展上仍然存在很多问题。如传统出版单位因为技术上的劣势，更多专注于自己企业和产品的转型，技术提供商因为内容上的劣势更多专注于向传统出版单位要内容，两者尚未形成合作甚至合资整体向数字出版进军的局面。另外，在对我国数字出版企业进行分析时我们还发现，目前我国搞数字出版的大型企业还很少，仅仅几家，他们居于垄断地位，这非常不利于那些发展数字出版的小企业，小企业很难被人们发现和重视。

（2）数字出版市场收入规模逐年扩大

根据中国新闻出版研究院发布的 2010—2014 年数字出版产业收入统计数据来看，近年来我国数字出版产业收入连年增长，数字出版规模不断变大，互联网期刊、电子书、数字报纸、网络动漫等方面都有显著增长。未来数字出版市场随着阅读媒介、阅读环境和人们阅读习惯的变化，数字化的阅读人群会不断增长，数字出版产业的收入会连年增加。数字出版产业的发展势必不断侵蚀传统出版的市场领域和市场规模。因此，长期依赖传统出版的大学出版社面对数字化出版的巨大挑战和机遇，必须下定决心，发展自己的数字出版市场。

1.2　我国大学出版社的数字出版情况

尽管近年来我国数字出版发展很快，但是我国大学出版社的数字化进程仍然处在一个较低的水平。究其原因，大学出版社的规模效应成为决定数字化推进速度的主要影响因素。一般来说，大学出版社的规模与数字化的推进速度成正相关性，规模越大数字化推进速度越快，然而我国大学出版社绝大多数是中小规模出版社，在数字化的推进过程中进展缓慢，诸如发展观念、技术水平、资金投入等很多问题难以解决。

可以说，目前我国大学出版社实现真正数字化的路途还十分艰辛。

当前，在思想上提高认识、行动上保持谨慎是大学出版企业数字化建设的主流。

2. 我国大学出版社发展数字出版的必要性

2.1　国家政策支持及行业合作发展

就现在的时代发展来看，手机、电脑等数字化产品已经相当普遍，除了购买纸质书籍之外，更多的人选择方便快捷的电子书及数字图书等，因此数字出版的发展空间是非常广阔的。我国的国情是这样，国外亦是如此，全球的数字出版发展都受到各国政府的认可及支持，并且采取相应的措施鼓励人们不断进行创新。

就我国来说，近年来国家出台了多项重大政策来鼓励支持数字出版业的发展。如 2010 年 8 月 16 日《关于加快我国数字出版产业发展的若干意见》《关于发展电纸书产业的若干意见》；2011 年 4 月《新闻出版业"十二五"时期发展规划》；2012 年 2 月《国家"十二五"时期文化改革发展规划纲要》；2014 年 8 月《关于推动新闻出版业数字化转型升级的指导意见》；2015 年 2 月《关于申报 2015 年度文化产业发展专项资金的通知》；2015 年 4 月《关于推动传统媒体和新兴出版融合发展的指导意见》；等等。

这些政策方面的支持无疑会助推我国数字出版产业的发展，加快传统出版企业的转型升级。因此，从国家的政策引导上来看，发展数字出版对大学出版社来说势在必行。

2.2　市场阅读环境的诱因驱使

大学出版社的主要读者群体为广大学生，而随着互联网和电子科技的发展，这些学生的阅读习惯发生了翻天覆地的变化，网络阅读、手机阅读、电子书等正成为主流的阅读行为。如果大学出版社不能适应这些读者的阅读习惯的变化，及时跟上数字化出版的潮流，则势必摆脱不了在这一轮新技术出版的革命中被淘汰的命运。

2.3　数字出版保障体系正在建立并完善

为解决数字出版带来的法律侵权问题，保护相关责任主体的法律权利，目前我国数字出版保护标准建设正在有序推进。如在保护数字版权方面，立法上包括《互联网出版管理暂行规定》《互联网著作权行政保护办法》《出版文字作品报酬规定》《图书出版管理规定》等的修订稿正在征求意见，对数字网络领域的稿酬支付使用文字作品支付报酬办法有指导作用；同时关于利用自媒体等转载网络信息行为的过错及程度认定问题，最高人民法院关于审理利用信息网络侵害人身权益民事纠纷案件适用法律若干问题的规定也做出了明确的认定；此外，其他各项数字出版工程正全面推进，如目前国家数字复合出版工程已经全面启动，国家知识资源服务中心建设也正在积极筹备，专业知识资源数据库建设已经启动，国家数字出版保护技术研发工程也即将完成并投入试点。以上这些保障体系无疑会给大学出版社的数字化出版保驾护航，促进大学出版社由传统出版向数字出版的转型升级。

3. 我国大学出版社发展数字化出版面临的困难

3.1 管理体制落后

大学出版社，尤其是资金、技术实力较弱的中小型大学出版社要发展数字出版市场，如前所述，势必要有一套面向市场的灵活的、独立的管理体制，但是大学出版社长久以来都是采用"事业单位，企业管理"的管理理念，这无疑严重阻碍了它的创新与变革。作为出版事业单位，新闻出版主管部门是其直接的上级管理部门，上级部门对其出版任务具有明确的规定；作为学校的一个二级单位，其承担一定的教学科研服务也是分内的职责，除此之外，其人事、财务、经营等均受到所在大学的干预。随着出版业体制改革的逐步深入，越来越多的大学出版社更加注重经济的独立性和运营机制的完整性，让其能够以一个独立的市场主体出现在市场竞争中。然而，由于其长期受传统管理理念的影响，这种思想已经根深蒂固，因此要想彻底打破这种观念，构建一套完善的运营机制绝非一朝一夕之事。

3.2 发展模式单一

我国大学出版社长期以来过分依赖于教材、教辅及学术著作的出版，各大学出版社的出版物同质化现象非常严重，在其他出版领域的探索经验不足，发展模式没有创新，较为单一。这种单一化的发展模式使得大学出版社之间在数字化出版的发展中彼此缺乏资源优势，大学出版社之间竞争必将非常激烈。

3.3 出版产业化的冲击

近年来，随着出版行业的改革与发展，一些出版集团的规模不断扩大，拥有了更加正规的管理与专业出版团队，在市场竞争中对大学出版社构成了很大的威胁。此外，大型出版集团将受众目标从社会群众扩大到学校，将学生教材也纳入自己的出版范围，这对于大学出版社的优势形成了极大的挑战。与大学出版社相比，大型出版机构有着丰富的薪酬与福利，对大学出版社的专业人员与人才形成极大的诱惑，使得人才源源不断地流向大型出版机构，而这对大学出版社向数字化出版方向转型是极为不利的。

3.4 出版外资的威胁

随着经济全球化的发展，国家间的关系与国际交流更加密切，很多国家想到国外市场进行业务拓展。一直以来，国外的出版传媒行业都想要充分利用我国的人口优势，努力挤进我国的出版传媒市场中。对于大型出版社而言，这也许是一个合作的机会，将会对整个市场格局产生极大的影响；而绝大多数大学出版社本身规模小、资金短缺、管理模式不健全，因此在市场竞争中会处于不利地位。

由以上分析可以看出，大学出版社向数字化出版方向转型面临着巨大的压力，要想在未来出版市场竞争中占据有利地位，就要吸纳人才，健全相应的管理制度，不断进行创新。

4. 我国大学出版社发展数字化出版的应对举措

4.1 统筹全局，注重长期策略规划

信息和数据广泛应用的社会趋势对出版行业的经营和运行流程必然会产生影响，尤其是出版业的商业运营模式。传统的出版业经营理念将从根本上被打破，并进一步向品牌化、商业化、电子化方面转变。正是现代电子信息技术对出版业的影响无处不在，才引起了出版业的全面变革。而这种环环相扣的全面改革也不仅仅是表面上的简单补充，更要求整个行业站在长远发展的角度，从自身出发，结合国家政策、社会趋势、国内外经济文化环境及国内科技条件等因素综合考虑，做出战略性的规划。

在市场经济环境下，出版行业要想长久发展并有所突破就必须尊重市场选择。因此大学出版社要做到准确把握读者动态，及时调整出版形式和出版内容，满足市场上读者阅读需求的变化。另外，在数字化的社会趋势下，读者的阅读形式由纸质阅读逐渐偏向于电子阅读，显然大学出版社的转变离不开电子信息技术的应用。而对于大学出版社来说，丰

富的学术资源为电子出版物提供了宝贵的数据支持，这就是产业链顶层设计的有力保障；学生群体为电子出版的发展方向提供了现成的调研对象，方便了解年轻用户的需求以提供有针对性的数字化服务；大学特有的智力资源更是为数字化培训和教育节省了资金，也提高了整体参与度。这样就会在大学出版社形成一种完整的产业模式，在综合考虑各种因素的情况下，各个环节紧密连接，能够确保行业的长远发展。

4.2　创新形式，拓展数字出版市场

大学出版社想拓宽市场，就要积极同专业技术部门合作，把数据资源优势用新的技术手段进行包装，推出数字出版物。这样既能使出版社赶上时代的潮流，又能为电子信息技术的发展创造一个新的里程碑。因此，大学出版社也要积极开拓数字出版物市场，寻求合理契机同电子运营商和已有的网络出版行业开展合作，尤其是手机出版业务的作用更是不容小觑。不仅有些大学出版社借助网络服务商开设官方微博，近几年，随着微信的兴起和智能手机拥有量的剧增，人们更多地关注起微信平台的趣味功能。早在 2012 年年底，我国手机拥有量就突破 11 亿部，而随着智能手机的普遍使用，2016 年我国智能手机拥有量就已达到 1.67 亿部，庞大的消费市场和巨大的消费潜力都在提醒着各大学出版社要抓住先机在电子出版市场上占据一席之地。在这方面，北大、清华等大学出版社及时搭建微信平台，这种做法值得各大学出版社学习。

4.3　整合资源，优化出版单位管理模式

大学出版社在信息时代要充分认清电子多媒体大发展的现状，将宝贵的学术资源与先进的电子科技相结合，通过多方合作和全面改进，逐渐形成自己特有的出版优势。也就是说，应在原有的信息资源的基础上，学习现代电子科技，利用网络传播的方式扩大学术资源的共享度，尤其是电子出版物的推行，逐渐形成数字时代大学出版社的独特优势。如大学出版社在掌握科技手段和运营理念之后，可以设立独立的电子出版部门，这样就可以负责本出版社的数字资源整合和发行、电子技术服务和应用开发等数字化工作，技术的应用和资源的管理都能达到一个新的水平。以清华社为例，他们和方正合作推出了"数字出版系统"，为数字资源的整合和发行提供了专业技术的支持；和新加坡电子书系统共同推出了服务于网络资源阅读的文泉书局，既有利于整合和管理文献资

料，又方便读者阅读；此外，还和校图书馆共同建立了图书资源数据库，更加完善了系统的资源整合功能。这种发展模式显示出清华社的强大资源实力，同时为电子化信息检索和期刊查询提供了文献资料，方便读者的个性化检索阅读；电子出版技术的应用又能提高清华社在出版界的竞争力，树立知名大学引领潮流的品牌形象，可谓一举多得。

4.4 依托网络，转变传统出版的销售模式

数字出版物不仅在发行内容和形式上与以往不同，而且其营销手段也有自己的独特性。因此，数字化营销模式的引进就显得至关重要，利用信息技术加强宣传、开拓市场也是与数字化出版业务相契合的技术进步。这就要求大学出版社充分利用现有资源和先进的电子营销手段，推陈出新，创造性地开发出符合潮流、适合自身的营销模式。以清华社为例，文泉书局的销售模式就十分值得借鉴。它主要包括线上和线下两条销售主线，线上以图书付费阅读为主要形式，线下则是销售实体图书。而销售既可以在清华社的网站上开辟购书专栏，也可以加盟亚马逊、当当网等专业购物网站，将销售信息借助清华社和购物网站的影响力加以扩散。这样就打破了传统的图书销售模式，充分发挥了信息技术和数字化应用在图书资源销售中的独特作用，为大学出版社的数字化转型提供了范本。

参考文献

［1］张新华. 客户价值最大化数字出版的盈利之源［J］. 出版广角，2012（4）：70-73.

［2］夏海清. 数字出版业发展的再思考［J］. 编辑之友，2012（3）：87-88.

［3］万玉云. 浅谈传统出版社的全媒体数字出版［J］. 中国编辑，2012（2）：68-72.

［4］谢俊波. 走出数字出版"泡沫"困局［J］. 出版广角，2012（3）：29-30.

［5］郭常斐. 数字出版"热"背景下的冷思考［J］. 编辑之友，2012（2）：87-89.

［6］张宏. 媒介融合与数字出版——关于数字出版内在基本模式及路径寻找的另一个视角［J］. 出版广角，2012（1）：70-72.

大学出版进一步服务立德树人
根本任务的思考①

[摘要]　　大学是培育新时代高素质人才的重要阵地，更是培育中国特色社会主义接班人的孵化地。因此，大学不仅要重视专业教育，更应当重视对当代大学生的思想品德教育，坚持德育为先的基本教学理念。对于同大学教学息息相关的大学出版单位而言，则是要考虑如何服务大学立德树人的根本任务，本文将就这一问题展开进一步论述。

[关键词]　　大学；大学出版单位；立德树人；创新对策

一、引言

对于大学出版单位而言，它们不仅是我国开展教育事业的主要阵地，更承担着传播社会主义先进理念与文化和培育新时代高素质人才的重任。大学出版单位的出版物对于各专业人才的培养、科研的推进及文化传承等重大社会服务起到了积极的促进作用。

一方面，大学出版单位的出版物为实现学术研讨和高等教育教学提供了重要的纸媒资源；另一方面，大学出版单位也全面践行了国家文化企业的伟大使命。在这个服务过程中，大学出版单位应当牢牢记住其根本的任务：服务立德树人，将德育摆在优先发展的位置。

二、大学出版单位服务立德树人根本任务的价值

大学出版单位在服务大学立德树人的根本任务上具有显著的促进作用，是其他教育方式无法取代的。总的来说，大学出版单位服务立德树人根本任务的价值有以下几个方面：

①　施小占，张建初，李志杰. 大学出版进一步服务立德树人根本任务的思考［J］. 传媒论坛，2018（17）. 本文系教育部人文社会科学研究规划基金项目"大学出版单位差异化发展研究"（项目批准号：15YIA860019）阶段性研究成果。

（一）大学出版物可真实记录立德树人事件

大学出版物中最常见的就是档案了，大学档案就本质而言为一种教学的记忆工具，它能够对该校在历史发展进程中所发生过的方方面面进行如实记载。其中一些杰出学子的事迹正是大学对大学生进行立德树人教育的素材，如中南大学土木工程学院 2013 级的吴步晨带着失明母亲求学、宁波卫生职业技术学院全国道德模范孙茂芳的事迹等，这些发生在大学生身边的立德树人的事迹将会载入大学档案，成为大学出版物服务立德树人根本任务的真实见证。

（二）大学出版物为立德树人教育提供宝贵素材

大学出版单位出版物中有相当一部分是大学生的专业教科书或参考书，在出版物的内容编排上注重培养学生的专业素养，提升学生专业素质；还有一些出版物，则会大力弘扬社会主义价值观和校园正能量，如大学生校报、校刊等，对于校园中优秀的学子、杰出的学者会予以宣传。这些都在无形中体现出服务大学立德树人根本任务的目标，既能够推动大学教学质量的提高和专业的发展，也有助于对大学生思想品质的全面塑造。

（三）大学出版单位是践行大学立德树人根本任务的重要阵地

大学出版单位服务于大学师生，以纸媒出版物为主要载体进行文化传播，因此这就使得大学出版单位承载着文化传播和思想教育的重要功能。同时，大学出版物大都是优秀学者的教材和学术专著，不仅有助于提升校园师生的学术专业水平，也能够在其中获得先进的思想理念和品德教育。

三、大学出版单位进一步服务立德树人根本任务的思考

（一）要进一步明确大学出版的目标定位

众所周知，大学出版单位承担着国内绝大多数高等院校教材的出版发行任务，主要出版物为教材和学术专著。教材作为高等院校师生进行专业知识学习、交流和思想沟通的重要媒介，是教学得以正常开展的必备条件。教材建设作为高等院校教学建设的重要组成内容，在大学道德教育和专业教学过程中发挥着重要作用。但是当前我国高等院校出版单位的出版发行在服务大学立德树人的根本任务上，还存在如下不足：出版单位同大学教学管理机构存在脱节，不能够以大学的教学计划为依据

进行教材的出版采购，从而导致出版计划同教育教学相脱节，直接影响到教学效果和进度。针对于此，大学出版单位应制定有力措施，要定期与大学教学管理机构沟通协调，及时获悉教学进度，了解各专业教学的详情细节和教材的开发使用情况，从而根据教学进度和需求制订出科学合理的出版计划。如此，才能真正做到为教书育人、立德树人而服务。在这个过程中，大学出版单位明确目标定位工作就显得尤为重要，应当切实考虑如下两点因素：

第一，要牢记为教育教学服务的中心思想。大学出版单位要设立专业的教材服务部门，为大学做好教材的基础保障工作。大学教材服务部门可以依照大学教学进度设计好出版工作流程，如教材服务部门的工作时间要同大学教学时间相一致，并且在大学的寒暑假期间能够根据教材征订计划做好教材的入库工作，在学生开课前安排教材的领取工作，从而确保教材及时到位。这就要求教材服务部门的人员具备一定的教学管理服务能力，对于大学的教学管理流程深谙于心，同时与大学师生沟通流畅精准，具备良好的主动服务意识，只有这样才能够最大限度发挥教材服务部门的基础保障作用。

第二，牢记大学出版单位的经营理念，坚持以人为本，以学生为本。教材出版工作应当融入出版单位的工作体制构建过程中，部分大学出版单位在进行校企改制之后很容易走向过度追求经济效益的偏路，从而忽视以人为本的初衷。大学出版单位应始终坚持以人为本的服务理念，坚持社会效益优先，坚守服务大学立德树人的根本任务，不断强化出版社员工立德树人的工作意识和理念，保障出版物质量。

（二）扩大大学出版单位教学服务优势

大学出版单位承担着教学服务的重任，唯有扩大其教学服务的职能优势，才能够为实现立德树人的根本任务提供资源保障，具体路径可考虑以下几个方面：

首先，依托同教学管理部门在教材方面的合作，大学出版单位可以向教学单位推荐采购书目，特别是符合大学生专业水平和道德提升的优秀著作。在大学教材建设环节，大学出版单位担任了教材编辑立项与出版的主角，如自 2012 年开始，四川大学出版社发动众多优秀编辑投身于四川大学本科生的教材建设工作中，截至 2018 年，在 6 年时间内，四川大学出版社出版该校教师编著的教材达 50 多种，校级立项教材占到了 10 余种。为配合母校教材出版的顺利进行，四川大学出版社还专门设立了川大本科教材出版基金，促进项目的顺利开展。这项工作有力促进了四川大学立德树人工作的开展。

其次，大学出版单位应当重视专业人才的选拔，在出版单位的纳新工作中不仅对求职者的专业编辑和出版技能进行考察，同时更要关注编辑出版人员的个人素养。对于缺乏服务精神和职业道德素养的求职者不予录用，对于德行高尚且业务精熟的人员可以破格录用，不以学历、出身、性别等因素为首要考核点。只有德行好的编辑出版人员才能够在选题、内容编辑过程中发挥最大价值，为广大师生提供优质的出版物。

最后，大学出版单位作为独立法人企业具备独立核算和经营的权利，可以借助出版社强大的资金支持为大学教学工作提供服务，如对于有教学需求但是印刷量少的教材，大学出版单位可以启动专项基金，从而确保师生的教学需求。只有坚持以教学服务为中心，大学出版单位才能够在服务过程中完成服务立德树人的根本任务，并赢得大学教学管理部门的信任和支持，进一步占有市场。

（三）秉承人性化服务理念

第一，以超前服务取代滞后服务。大学出版中心的人员理应结合自身岗位的优势，依托大学出版的优质平台，优化教材的发行管理进度。对于大学教师要强化新版优质教材的宣传力度，并且能够为教师提供参考样书，或者开放教材供应系统，以便于教师进行书目的选择，按需下单，缩减出版服务流程与时间。

第二，以主动服务取代被动服务。大学出版单位的工作人员应当时刻树立积极服务的意识，能够及时了解大学各院系甚至各个班级的教学进度和教材使用情况，提前做好教材出版计划，从而确保教材供应并最大程度提高出版服务的水平。

第三，以质量服务取代数量服务。大学立德树人工作离不开优质的教学素材，因此对于大学出版单位而言，教材的质量远比数量更重要。在选题上要严格把关，要选取既能够符合教学需求又能够符合发展要求的选题，选题在内容编排上在体现专业要求的同时要渗透德育教育，使学生在潜移默化中提升其价值层次。

四、结语

大学出版单位在服务立德树人的根本任务上，只有秉持以人为本、以学生为本的理念，努力配合大学做好出版物的服务工作，切实保证出版物质量，才能够为更好地服务立德树人的根本任务做出自己的贡献。

参考文献

［1］伍奇．依托民族文化资源，创新出版走出去模式［J］．出版发行研究，2015（8）.

［2］于险波，龚晨．后转制时代大学出版社的多元化发展［J］．教书育人（高教论坛），2017（5）.

［3］姜东升．深化实培计划育人新模式，开创共建联合培养新格局［J］．北京教育（高教），2017（6）.

［4］杨丽娜．基于移动课堂视角的校企深度合作育人模式研究：以上海出版印刷高等专科学校为例［J］．大众文艺，2018（6）.

大学出版单位社会效益提升
创新机制研究[①]

[摘要] 随着出版全球化及数字出版技术的发展，图书出版行业竞争愈发激烈，各大出版社为了生存发展的需要，对图书出版的经济效益愈发看重，大学出版单位亦不例外。然而对于大学出版单位而言，其办社宗旨主要是为大学的教学、科研服务，为全民的终生教育服务，为振兴我国高等教育事业、促进国民经济发展服务，更应注重的是出版的社会效益。鉴于此，本文就如何提升大学出版单位出版物的社会效益，从机制创新方面展开研究。

[关键词] 大学；出版单位；社会效益；创新机制

新技术及新媒体的飞速发展，特别是智能手机等电子产品的普及，直接改变了人们的阅读方式与习惯，使得我国传统的出版行业面临着严峻的挑战。然而文化体制变革为出版单位提供了新的契机，从而使得传统出版行业呈现出繁荣发展的趋势，特别体现在经济效益规模的增长上。在此过程中，大学出版单位也出现了片面追求经济效益、忽视社会效益的问题，这直接导致了文化出版物的内容质量鱼龙混杂，呈现出高产低质的特点。更有部分大学出版单位将运营权进行外包托管，而承接出版权的外包企业将经济效益作为考核的唯一指标，完全不考虑社会效益。然而对于大学出版单位来说，其办社宗旨主要是为大学的教学、科研服务，为全民的终生教育服务，为振兴我国高等教育事业、促进国民经济发展服务，更注重的是出版的社会效益。因此，大学出版单位必须

① 施小占，张建初，李志杰．大学出版单位社会效益提升创新机制研究［J］．传播力研究，2018（10）．本文系教育部人文社会科学研究规划基金项目"大学出版单位差异化发展研究"（项目批准号：15YIA860019）阶段性研究成果。

重视其出版物的社会效益问题，采取有力措施，通过创新机制来有效保障出版物的社会效益。

一、大学出版单位注重社会效益的必然性

（一）注重社会效益是构建社会主义核心价值体系的必然要求

习近平总书记多次在全国思想工作会议中强调，当今社会应当加强社会主义核心价值体系建设。大学出版单位作为文化出版企业，承担着重要的社会责任，更应当将社会效益放在第一位，当社会效益同经济效益产生矛盾的时候，要坚持社会效益为先的基本原则，这才能够为构建社会主义核心价值体系提供正确的思想舆论导向。

（二）注重社会效益是大学出版单位的历史使命与宗旨

高等院校出版单位主要的任务在于对各级别院校教材、工具书、参考书及其他学术指导图书的出版印刷，此外大学出版物还能够从另一方面反映出该校学术研究水平的高低，为科研进步而服务，为人才培育而服务，这就是大学出版单位的历史使命与宗旨。2015 年由教育部及国家新闻出版广电总局联合印发的文件《关于进一步加强和改进大学出版工作的意见》明确指出，大学出版单位工作的正确方向是坚持社会效益为先，该意见进一步明确了大学出版单位的功能定位与使命。

（三）注重社会效益是大学出版单位可持续发展的现实需要

当下大学出版单位面临着严峻的现实挑战，一方面是各种新媒体的冲击，如微信公众号、知乎、新浪、网易等，它们在各种专业知识的传播上具有便捷、高效、成本低等优势，另一方面各种数字出版物相继诞生，电子书搭配智能手机阅读传播成为一种时尚，更适合新兴青年群体。因此，传统的大学纸媒出版物受到了前所未有的冲击，对于大学出版单位而言，要想实现其可持续发展，必然要坚守社会效益原则。也就是将大众所需的知识诉求点予以精准分析，出版更多专业水准高、制作精良且具备社会影响力的学术力作，如此不仅能够推动大学产学研的结合深化，同时更能服务广大社会学子，构建稳健增长的受众读者群体，为实现其可持续发展奠定社会资源基础。

二、大学出版单位提升社会效益的创新机制

（一）坚持科学专业的出版定位

大学出版单位要始终坚持为教学和科研服务的基本宗旨，因此就应

当对出版物的内容、方向及产品进行科学专业的定位，如理工类大学的出版社，其出版物应主要定位在理工类专业领域，艺术类大学的出版社应以艺术教学、艺术理论为主要出版方向，等等。这样的定位有助于大学出版单位真正做到扬长避短并且有选择性地打造出一批具备高专业水准的内容出版物。借助学科专业的优势，大学出版单位能够进一步提升自身的学术影响力和在出版领域中的地位，一方面能够促进本校的专业教学宣传力度，提升专业优势；另一方面能够服务于整个社会，为其提供高精尖的内容出版物，切实体现出高等学校出版单位的社会价值。

再以国内知名大学中国人民大学为例，该校优势专业为人文社科及经济管理专业，因此中国人民大学出版社在出版物的定位上就依托中国人民大学人文社科、经济管理等学科优势，相继出版了一系列专业特色鲜明且高水准的著作，从而在人文社科和经济管理的学科领域获得了良好的口碑，巩固了在此领域的出版地位。例如中国人民大学出版社在2015年3月出版的人文著作《大道之行：中国共产党与中国社会主义》，上市后在当当网、亚马逊等知名网上书店仅仅一周时间就已售罄，此后更是长期占据畅销榜首位，前后累计印刷高达13万册，服务了近百万大学学子，创造了不可估量的经济效益和社会效益。

因此，对于大学出版单位而言，依托母校专业优势进行精准定位是必不可少的，唯有集中精力发掘自身优势，取长补短，出高精尖作品，才能够形成巨大社会影响，为其树立品牌和好口碑，最终实现社会效益和经济效益的全面发展。

（二）品质为先，实施出版精品化战略

在迅猛发展的信息化时代，出版市场竞争日趋激烈，传统内容物的出版受到了严峻的挑战，特别是新媒体和数字出版物兴起后，以大学出版单位为代表的传统出版企业受到了巨大的冲击。在这种市场背景下，唯有实施出版精品化战略，坚持品质为先，服务社会，才能够在出版市场中占得一席之地。

国家教育部和新闻出版广电总局在《关于进一步加强和改进大学出版工作的意见》中明确指出，出版单位只有将出版内容的质量及精品出版作为考量指标，摆脱片面的经济指标的考核方式，才能够推动出版单位推出更多具备深度思想、专业精湛及制作精良且广受社会读者喜爱的作品。大学出版单位所出版的出版物大都为大学教材和学术专著，理论性强，受众群体有限且出版成本高、周期相对较长，使得出版单位规模小且经济效益低，出版品种、质量参差不齐，而且影响了出版单位社会效益的提升。因此，大学出版单位实施出版精品化战略就显得尤为必要。近年来，国家及政府部门对于大学出版单位加大了投资力度，相继出版了一些记录历史、传播文明、服务当代的推动人类社会文明进步的国家级重大出版项目，大学出版单位应抓住机遇，制定符合自身特点的精品化出版战略。如西安交通大学出版社在 2013 年出版的国家级出版基金项目专著《先进燃气轮机设计制造研究》，不仅充分发挥了西安交大航天学院及机械学院的专业优势，同时更是汇聚了资深的编审队伍和优秀作者，严打质量关，打造出了具备高专业度、制作精良的图书专著项目，其中涵盖了 8 种不同专著单品。在这个过程中，国家及政府部门给予了持续的资助，项目以高水准完成，一经问世就引起了巨大轰动。

此外，实施出版精品化战略还要做到"走出去"，大学出版单位打造的精品图书能够扩大中华文化在国际上的影响力，进一步提升中国的文化软实力，社会效益不言而喻。

（三）坚定文化自信与文化自觉

近年来，国家新闻出版广电总局对大学出版物进行多次抽查，结果显示有相当一部分大学出版单位的出版物内容不合格，质量不佳。出版单位要想真正提升出版物内容质量，实现出版单位的社会效益提升，仅仅依靠政府和相关部门的监管是远远不够的，唯有坚定文化自信和文化自觉，努力践行出版行业的职业道德规范与使命，不断警示自己，将社会效益摆在优先发展的位置，严格把关方能确保整体出版物内容质量的提升，才能真正做到为社会大众读者服务。

2015 年《中共中央关于制定国民经济和社会发展第十三个五年规划的建议》明确指出：社会各界应当始终坚持以人民利益为中心的工作导向，特别是将社会效益放在首要的位置，兼顾经济效益的发展，真正做到两手抓、两手都要硬，从而确保社会效益同经济效益的协调统一发展。大学出版单位作为文化宣传的重要窗口与阵地，应当牢记中央的思想主张，重视社会效益与经济效益的平衡发展。两者出现冲突的时候，应当坚持以社会效益为导向。坚持文化自信和文化自觉更离不开专业人才的支持，优秀出版物的组稿、编辑与发行需要德才兼备的高素质人才。大学出版行业的特殊性直接决定了出版人才德行的重要性，道德品质，特别是社会公德、职业道德及个人思想品德等，是考量出版人才的核心因素。每一个大学出版人员都要始终践行社会主义核心价值观，践行党的"三严三实"要求，在工作中能够自觉遵守《中国出版工作者职业道德准则》，从而做到价值观与行为的协调一致发展，牢牢树立起高尚情操和职业精神。

三、结语

当前，大学出版单位面临着向数字出版物的转型，也面临着市场中商业化出版单位的严酷竞争。然而不管外界如何变化，大学出版单位始终要将社会效益摆在优先发展的位置，在此理念支撑下制定科学合理的创新机制，坚持大学出版单位的历史使命与宗旨，坚持品质第一、读者第一，在此基础上通过实施精品化战略，推出更具专业优势的高品质学术专著及教材品类，坚持文化自信与文化自觉性，切实做到为广大社会读者服务、为学术水平提升服务、为推动人类文化的进步服务。只有这样才能够顺利实现转型并走上可持续发展的道路，真正做到为社会大众服务，发挥自身最大的社会价值。

参考文献

[1] 郝婷. 媒介融合背景下高校出版人才培养目标及问题分析 [J]. 传播与版权，2018（1）.

[2] 高云松. 乘风而起，顺势而为：上海高校出版发展主要阶段回顾 [J]. 编辑学刊，2017（11）.

[3] 尹贻伟. 数字出版时代高校复合型创新人才培养机制研究 [J]. 出版发行研究，2016（7）.

[4] 梁洁. 大学学术期刊出版发展路径之思考 [J]. 中国科技期刊研究，2015（11）.

大学出版单位加强"主题出版"的
有效措施^①

[摘要]　　我国大学出版社从 2003 年开始探索"主题出版"板块，经过 15 年的努力推出了大批优秀的主题出版图书，在记录历史、宣传真理、资政育人方面发挥了重大作用。但从现阶段来看，大学出版社的"主题出版"普遍存在即时性、一阵风的现象。为此，本文对大学出版单位加强"主题出版"的有效措施进行研究，希望为大学出版单位"主题出版"的发展提供一点建议和意见。

[关键词]　　大学出版单位；主题出版；措施

现阶段"主题出版"已经成为出版界的一个热点和亮点。主题出版是国家在图书出版领域话语权的一种体现，我国大学出版社从 2003年开始探索"主题出版"板块，经过 15 年的努力推出了大批优秀的主题出版图书，在宣传真理、记录历史、资政育人等方面发挥了重大作用。但从现阶段来看，大学出版社的主题出版服务党和国家大局的意识还不够强，普遍存在即时性、一阵风的现象。因此，大学出版社有必要重新认识和把握主题出版的内涵，采取有效措施，开展主题出版工作。

一、主题出版的内涵与特征

（一）主题出版的内涵

我国新闻出版广电总局对主题出版的概念进行了明确的界定：主题出版就是以国家的政治、经济、社会及文化等工作大局为基础，然后对党和国家所发生的一系列重大的事件、活动、理论及题材等主题进行缜

———————————

①　施小占，李志杰，张建初．大学出版单位加强"主题出版"的有效措施［J］．传播与版权，2019（6）．本文系教育部人文社会科学研究规划基金项目"大学出版单位差异化发展研究"（项目批准号：15YIA860019）阶段性研究成果。

密策划与出版的一种活动。从主题出版的概念我们可以得出，主题出版的内涵与本质就是，主题出版是国家利益和意志的一种体现。出版社进行主题出版也是为党和国家服务的一种体现。

（二）主题出版的特征

主题出版与一般出版物之间存在差异，概括起来主要包括三个方面的特征。

一是主题性和导向性。主题出版是为党和国家工作服务的，是国家利益和意志的一种体现。这就在很大程度上要求主题出版必须具有政治导向、思想导向、价值导向及舆论导向等，并且这些导向一定要正确，一定要与国家的相关政策法规相适应，这样才可以对国家和党的工作起到引领与导向作用，才能为社会传播正能量[①]。我国主题出版每一年都会有一个新的主题，如 2014 年的出版主题是习近平总书记重要讲话精神、中国梦等，2015 年的出版主题是庆祝抗日战争胜利 70 周年，2017 年的出版主题是党的十九大等。

二是前瞻性和时效性。一般情况下，主题出版肯定是以国家重大事件和活动来进行策划与出版的，但国家的重大事件和活动都具有一定的时间点，所以主题出版必须体现出较强的时效性。如果没有在规定时间内进行出版，那么必然会引起重大出版事故，并且会给出版社的社会效益和经济利益带来严重影响。与此同时，出版社在进行主题出版的相关策划过程中也要体现一定的前瞻性，对下一年的出版主题进行预测和判断，并且要对未来 2 年以内主题出版的内容进行研究和分析，提前做好主题出版的相关准备。如 2015 年在进行以庆祝抗日战争胜利 70 周年为主题的主题出版的同时，就应该进行 2017 年以党的十九大为主题的主题出版的相关策划。除此之外，在对一些重大事件进行策划的过程中，一定要对重大选题备案过程中有可能会涉及的问题进行全面考虑和分析，让主题出版的计划性、预见性等得到强化。

三是市场性和公益性。主题出版具有宣传和解读国家发展路线、引领主流价值观及舆论导向等作用，其最根本和最主要的目的就是营造出

---

① 周蔚华，杨石华. 大学出版社在出版业的地位及当前面临的主要问题 [J]. 现代出版，2018（2）.

一种良好的舆论环境，从而为我国改革开放及现代化建设提供思想方面的保证，主题出版的重点就是对人进行武装、引导、塑造及鼓舞等。因此，对于出版社来说，在进行主题出版的策划和出版过程中一定要详细考虑和分析主题出版的公益性①。但是，出版社也是企业，这就决定了出版社在确保主题出版公益性的基础上，还要对市场效益进行考虑。总之，主题出版其实就是对主题出版的公益性和市场性进行统一，最大化实现主题出版的社会效益和经济效益。

二、大学出版单位加强"主题出版"的有效措施

在我国新一轮政府机构的改革当中，新闻出版在 2018 年 3 月已经由中宣部进行管理，其主要目的就是让党对新闻出版工作的领导得到加强。在这种新的形势下，出版业对党和国家工作大局进行服务的属性必然会得到充分体现。对于大学出版社而言，就需要对当前的形势进行充分认识和分析，自觉提高服务大局的意识，同时应该认真思考和落实党与国家对出版工作所提出的一系列新的要求。因此，大学出版单位在未来的主题出版策划过程中，应该从以下三个方面着手：

（一）对主题出版进行新的认识

大学出版单位服务社会功能的一个重要体现就是主题出版。现阶段我国大学已经成为人才培养、科学研究及服务社会等的重要载体。在服务大学教学和科学研究的同时，大学出版单位还应对自身的定位进行调整，增加服务社会方面的内容。确保选题策划与我国社会的重大现实需求相适应，使策划出的选题体现出研究与解决社会现实问题的特点，这也是对大学出版单位服务社会功能的一种完美体现。大学出版单位对社会现实进行关注和凸显社会服务功能的一个重要途径就是积极参与主题出版选题的策划与申报②。因此，应增强大学出版社参与主题出版的积极性和自觉性，提升主题出版的高度，让出版单位的所有工作人员认识到主题出版对出版社未来生存与发展的重要性，并转变工作态度。总之，大学出版单位应对主题出版对社会、国家及自身发展的重大意义进行正确地认识和了解，为主题出版的后续工作打好基础。

---

① 周峥. 如何让主题出版行之久远——以上海人民出版社主题出版的实践为例 [J]. 中国编辑，2016（5）.

② 李玉平. 浅析主题出版的特点与规律 [J]. 出版发行研究，2014（5）.

（二）采取新的思路对主题出版进行策划

大学出版单位应把主题出版策划与自身的优势结合并进行具有长远性的规划，确定主题出版的主攻方向，充分体现大学出版单位的学术特色，打造大学主题出版品牌，最大化实现大学出版社的社会效益与经济利益。但从我国最近几年所发布的主题出版选题方向来看，主题出版的选题体现了命题作文的特点，虽然有一些"自下而上"和"自上而下"的命题入选，但从总体上来看普遍体现出同质化的特点①。大学出版社在进行主题出版选题的过程应放弃自身不擅长的领域，不要进行应景性选题的策划，而是应该与自身学科和学术优势结合，对某个领域进行深入研究与挖掘，这样才能让优秀的选题和作者得到积累，最终建立起大学出版社的品牌优势。与此同时，大学出版单位在筹划主题出版选题的过程中，一定要保持选题的战略定力，不要将选题作为入选国家主题出版重点项目的唯一标准，最终衡量的标准是选题能否解决社会重大现实问题。如中国人民大学出版社于 2016 年和 2017 年入选国家主题出版重点项目的"中共党史重大问题研究""时代大潮与中国共产党"等，其实就是该出版社对中国人民大学在中共党史研究方面的优势进行利用，然后对相关的选题进行不断创新和开拓。

（三）采取新举措进行主题出版策划

大学出版单位对自身的定位进行调整，增加服务社会方面的内容。上述内容最终都需要相关制度、机构、机制等作为保障，这样才能在主题出版选题和策划的过程中得到落实。对于大学出版单位来说，人员的落实是最为重要的一个环节。大学出版单位要做好主题出版，首先要配备一系列与选题相关的策划人员。如果大学出版单位没有专业的编辑策划人员进行出版主题策划，那么主题出版的选题就可能存在临时拼凑、撒大网、碰运气等问题，最终导致选题质量下降②。除此之外，选题论证、质量保证及考核激励等相关方面的机制也一样重要。总之，大学出版单位的主题出版是一项非常复杂、系统的工程，大学出版单位要想把主题出版做好、做出特色，就要严格遵守出版的相关规律。

---

① 李艳辉. 大学出版社怎样做好主题出版 ［J］. 经营与管理，2018（25）.
② 李建红. 浅析主题出版的发展趋势及对策建议 ［J］. 出版发行研究，2017（21）.

三、结论

本文通过对大学出版单位主题出版的有效措施进行研究，发现大学出版社的"主题出版"普遍存在一些问题，如果不及时解决这些问题，那么必然会给大学出版社主题出版的未来发展带来阻碍。大学出版单位要想把主题出版做好、做出特色等，在主题出版选题和策划过程中就应该遵循：重新认识主题出版，采取新的思路对主题出版进行策划。总之，按照上级相关部门的精神策划主题出版项目，已经成为大学出版社的常规性工作。但大学出版单位仍然需要重新认识主题出版，在大学出版单位未来的发展中，应对主题出版提出更高的要求，这样才可以为党和国家做出重要贡献。

关于大学出版单位服务大学
思想政治工作的思考①

[摘要]　　大学出版不仅为大学提供高水平的专业教材和学术著作，还是大学进行思想政治教育工作的重要媒介。本文就大学出版如何更好服务大学思想政治工作的思路方面进行探析，以期更好地服务大学思想政治工作。

[关键词]　　大学；出版服务；思想政治；创新路径

　　大学的思想政治教育工作是教育体系中重要的一环，大学只有具备健全积极的思想政治观念，才能够指导大学生为社会、国家做贡献，才能够帮助大学生实现个人价值与人生的可持续发展。大学生身处校园中，大学出版物对大学生个人思想政治体系的构建起到了至关重要的作用。因此，对于大学出版单位而言，如何同时代发展相接轨并高效完成对大学生的思想政治教育工作，成为摆在每个大学出版单位面前的一个重要问题。

一、大学出版物对大学思想政治工作的影响

（一）引导作用

　　大学出版物内容丰富、逻辑性强，对于大学生的引导作用主要体现在两个方面，即政治层面的引导和文化层面的引导。优质的大学出版物将有效引导大学生全面提升自身思想觉悟水平并营造出和谐的校园文化。如国内知名大学的校刊《苏州大学学报》中的医学版创刊于20世纪60年代，创刊半个多世纪以来，苏大最新的医学科研成果及生命科

---

　　① 施小占，李志杰，张建初. 关于大学出版单位服务大学思想政治工作的思考［J］. 学周刊，2019（12）. 本文系教育部人文社会科学研究规划基金项目"大学出版单位差异化发展研究"（项目批准号：15YIA860019）阶段性研究成果。

学的前沿成就一直引导着苏大学子奋发向上。

（二）培养作用

大学出版物大都是由专业领域的知名学者所著，在校园内具有广泛的影响力，因此也成为大学进行专业课程教学的工具书，这对于大学生专业水平的培育提升起到了重要的指导作用。同时，成熟的大学出版体系将会以多元化的形式为学生提供自我展现与提升的平台，如学报、校刊等，这对于专业人才的培育起到了积极的作用。

（三）交流作用

大学出版物大都是专业性很强的学术专著，其作者多数为本校或者其他大学知名的学者，因此在出版物的专业水平上更具前瞻性。当下各种电子出版物充斥着校园，但是很多电子出版物的内容缺乏专业水准，甚至会对大学生造成不利的误导。因此，高等院校出版物成了很好的学术与思想交流的工具，会使大学的全体师生受益。

（四）激励塑造作用

大学师生群体庞大，且都是经过多年系统知识学习的高素质人才，大部分学生具备良好的道德素养和正确的思想价值观念。因此，他们都能够通过校园的榜样示范作用获得思想上的教育和政治上的引导，大学出版物通过对这些优秀人物的宣传，对于激励大学学子奋发图强、陶冶情操、调整思绪起到了良好的作用，为塑造新时代德才兼备的人才提供了保障。

二、大学出版服务大学思想政治工作的创新路径

（一）坚持大学出版服务的正确指导思想

唯有正确的思想指导才能够为高等院校的出版服务提供科学的方向，因此对于大学出版单位而言，坚持正确的思想理念指导是不可或缺的。首先，出版人员应当明确高等院校出版物的指导理念，特别是对于出版物的思想定位要明确，如以社会正能量为主题进行选材，这样才能够切实发挥对大学生进行思想政治教育的作用，避免思想教育的偏颇；其次，要始终坚持社会主义核心价值观，在出版物的选题、内容编排环节中要同社会主义的价值理念相契合，从而能够为大学生树立积极健康的政治思想做好准备；此外，伴随着大批量的电子出版物的发展，高等院校出版单位也可以在弘扬社会主义主旋律的前提下制作相应的音频、视频等课件信息，从而构建出一个全方位、多元化的思想政治传播体系，彰显大学出版物在大学生思想政治教育工作中所发挥的重要导向作用。

（二）持续基础设施的投入与支持

高等院校出版单位在信息化时代中受到了严重的市场冲击，竞争对手日益多元化：一方面，由于互联网络和先进的科技载体产品的冲击，如 iPad、智能手机等，纸质媒体出版物行业普遍受到巨大的挑战，市场需求涨幅放缓；另一方面，大学出版物大都偏向于专业性极强的学术著作，理论性强且受众读者范围小，因此同市场上流行的商业畅销书比起来不具备读者优势，从而导致大学出版物的市场占比越来越有限，最终导致对大学生的思想政治教育工作开展难度加大。针对此，高等院校应当注重对相关出版单位的基础设施投入，具体策略有：

首先，加强对大学出版单位的财力支持。由于大学出版单位不同于普通以盈利为目的的出版企业，因此在市场竞争中通常会出现亏损经营的现象。这就需要大学甚至当地政府部门对其进行资金投入，从而在一定程度上缓解其经营压力，避免出现负债经营的问题。其次，加大对大学出版单位的物力支持，特别是同出版环节密切关联的印刷机器的更新、零件升级等，印刷质量提升对大学出版单位也是大有裨益的。最后，加强对其技术支持，出版技术升级势在必行，技术手段的完善不仅可以让出版物的表现形式更加多样化、内容更加易于理解接受，符合大学生的学习习惯，而且内容学习的有效性大大增强。

（三）进一步优化大学出版体系的运作模式

新时代，高等院校传统纸媒出版的运作模式显然已经落伍，而大学生则永远是最年轻的一代，目前首批"00后"大学生已然进入大学，在这样的时代背景下，大学出版单位的运作模式就应当予以更新升级。以大学学报为例，首先，大学出版单位在学报的出版上可以制作相应的微信二维码，并且该二维码关联出版单位的公众账号，以此来积累读者粉丝，并且可以开启读者的留言功能。这样出版单位公众号的运营编辑就能够根据读者的留言获得真实有效的反馈，为进一步调整内容出版物提供市场依据。其次，大学出版单位可以制作专门的官方网站，对于即将出版的内容进行通告，同时在出版单位官方网站中可以定期编辑大学生思想政治教育的相关栏目，设置主题，如"正能量大学生""感动大学十大学子"等，通过官网传媒方式对大学生进行思想政治教育。最后，实体纸质媒体出版与线上同步协调发展，既能够通过纸媒出版物教化大学生，又能借助便捷互联网来渗透思想政治宣传与教育工作。

此外，大学出版单位还要预防网络中不良分子对大学生的思想侵蚀，因此要不断优化运作体系的各个环节，确保传播内容的正确性、积极性，从而有益于大学生及广大读者的思想政治教育。

（四）重视出版体系专业人才培育

大学出版单位要想推出广受好评的作品，人才的培育工作是十分重要的。

对于大学出版体系而言，人才首先应当具备良好、健康的思想政治理念，只有出版从业人员思想政治上积极健康，其所制作的出版物才更具思想政治教育功能。因此，对于出版人员的思想政治考核显得尤为重要，出版单位可以定期对体系内人员进行思想政治考核，通过考核来深化自身的责任意识，让所有人明白出版人员职责的神圣所在，以及对大学生及整个社会的深远影响。其次，培育一支专业专职的出版团队，对于不同的出版物要定编定岗，从而避免兼职编辑难以全身心投入出版工作的弊端。最后，出版单位还要及时吸纳高素质的专业人才，确保其具备较高的思想政治觉悟与科学出版理念，从而为打造高水平、高起点的出版物提供人力资源保障。

（五）与时俱进，创新大学出版体系

时代在不断进步，任何行业的发展都离不开创新。对于大学出版单位而言，创新也是时代所需，唯有不断创新出版体系，才能够顺应时代发展，才能够为大学生的思想政治教育工作提供助力。首先，出版内容要创新，大学出版大都为学术专著，对于大学生而言，阅读起来比较单调乏味，因此在出版内容上应当融入时代的元素，融入大学生身边熟悉的生活案例，或融入时事热点事件等。如在关于法律量刑方向的理论中可以借鉴热点案件，引发大学生阅读的共鸣。其次，出版形式要创新，中规中矩的学术出版物往往不能够调动大学生的阅读兴趣，对于"95后"及"00后"新生代大学生更是如此，他们具备个性，对于阅读出版物也有着独特的偏好。因此，大学出版物可以在部分专题的样式制作上贴合大学生的气质需求，封面更具活力，或者融入母校特色元素。最后，出版管理机制要创新，强化同其他新媒体之间的互动与合作，强化同大学生之间的思想沟通，取长补短并有效整合，构建出新时代的大学出版管理体系。大学的思想政治教育工作关系到国家与社会发展的未来，在各种媒体潮流的冲击下，大学出版物承担着思想政治教育的重任。

对于大学出版单位而言，出版物承载着文化传播的使命和对学生思想教化的职责，只有不断坚定正确的思想引导、提升出版水平、优化出版运作与管理模式，才能够在时代的浪潮中完成立德树人的伟大使命。

参考文献

［1］毛润政，肖湘雄. 大学出版编辑心理资本现状调查与分析［J］. 科技与出版，2015（10）.

［2］吴鹏，程放. 数字出版转型期大学出版人才培养策略探究［J］. 出版发行研究，2014（2）.

［3］李映杏. 大学校园媒体思想政治教育功能及其提升研究［J］. 读与写（教育教学刊），2014（8）.

［4］陈丹，仲诚. 知识体系视角下大学出版专业核心课程体系的构建［J］. 现代出版，2015（3）.

参考文献

一、学术著作

［1］刘益，等．出版社经营管理［M］．北京：中国书籍出版社，2009．

［2］田雁．图书出版产业之中日比较［M］．北京：社会科学文献出版社，2014．

［3］李家福．大学差异化发展研究［M］．北京：中国人民大学出版社，2011．

［4］金占明．战略管理——超竞争环境下的选择［M］．北京：清华大学出版社，2004．

［5］张金海．20 世纪广告传播理论研究［M］．武汉：武汉大学出版社，2002．

［6］黄继刚．核心竞争力的动态管理［M］．北京：经济管理出版社，2004．

［7］蔡翔．大学出版发展战略研究［M］．北京：中国传媒大学出版社，2008．

［8］罗伯特·西奥迪尼．影响力［M］．沈阳：万卷出版公司，2010．

［9］菲利普·科特勒，凯文·莱恩·凯勒．营销管理［M］．王永贵，等译．北京：中国人民大学出版社，2012．

［10］戴维．战略管理［M］．李克宁，译．北京：经济科学出版社，2001．

［11］泰勒尔．产业组织理论［M］．马捷，等译．北京：中国人民大学出版社，1997．

［12］特劳特．什么是战略［M］．火华强，译．北京：中国财政经济出版社，2004.

［13］张志强，左健．中国出版业发展报告——新千年来的中国出版业［M］．南京：南京大学出版社，2013.

［14］张进乐．基于熵理论的出版社经营风险研究——以我国大学出版社为例［M］．北京：人民出版社，2011.

［15］刘银娣，唐敏珊．欧美大型学术出版机构营销战略研究［M］．武汉：华南理工大学出版社，2011.

［16］国家新闻出版署．2018 中国新闻出版统计资料汇编［M］．北京：中国书籍出版社，2018.

［17］国家新闻出版广电总局规划发展司．2017 中国新闻出版统计资料汇编［M］．北京：中国书籍出版社，2017.

［18］中国新闻出版研究院．2018—2019 中国数字出版产业年度报告，2019.

二、学位论文

［1］徐骁．改制后大学出版社发展对策研究［D］．北京：首都经济贸易大学，2010.

［2］王黎．大学出版社绩效管理探析［D］．合肥：安徽大学，2011.

［3］俞顺．大学出版社核心竞争力研究［D］．北京：北京交通大学，2010.

［4］袁尚．兰州大学出版社整合营销传播方案及其实现［D］．兰州：兰州大学，2012.

［5］卢俊林．广西师范大学出版社发展研究［D］．南京：广西民族大学，2012.

［6］谭南冬．湖南师范大学出版社改制研究［D］．长沙：中南大学，2010.

［7］谢林会．兰州大学出版社营销策略研究［D］．兰州：兰州大学，2009.

［8］刘杰．广西师范大学出版社企业文化探析［D］.北京：北京印刷学院，2009.

［9］宋薇．北京体育大学出版社体育图书发行现状分析［D］.北京：北京体育大学，2009.

［10］覃娟．新的出版环境下我国大学出版社的应对之策［D］.重庆：重庆大学，2010.

［11］刘瑞婷．后改制时代大学出版社发展路径研究［D］.南京：南京大学，2015.

［12］胡寿鹏．广西师范大学出版社发展战略研究［D］.南宁：广西师范大学，2014.

［13］木薇．中国大学出版社发展战略选择的案例研究［D］.哈尔滨：哈尔滨工业大学，2010.

［14］钱翠翠．"后转企时代"A大学出版社文化融合研究［D］.合肥：安徽大学，2016.

［15］余瑞新．大学出版社数字出版发展对策研究［D］.济南：山东大学，2015.

［16］孙玉玲．中国学术图书出版发展研究［D］.武汉：武汉大学，2004.

［17］贾志甜．中美比较视角下中国大学出版社学术出版研究［D］.保定：河北大学，2017.

［18］李纪方．论中国大学出版社品牌建设［D］.济南：山东大学，2010.

［19］刘涛．改制背景下大学出版社核心竞争力研究［D］.重庆：西南大学，2011.

三、报刊

［1］王雅菲．美国大学出版社的发展及启示［J］.现代出版，2016（2）.

［2］宗俊峰．新媒体时代我国大学出版发展路径探析［J］.现代出

版，2016（6）.

［3］左健，卢忆．"一带一路"背景下大学出版社"走出去"的经验与思考——以中国人民大学出版社为例［J］．现代出版，2019（1）.

［4］于险波．大学出版社对所依托高校的作用研究［J］．大学教育，2017（11）.

［5］杨万庆．大学出版社的特色发展之路［J］．现代出版，2018（2）.

［6］郑持军．后改制时代大学出版社人才队伍建设探索——以西南师范大学出版社为例［J］．出版发行研究，2015（4）.

［7］周琳，车巍．新时期大学出版社发展的几点思考［J］．传播力研究，2019（11）.

［8］张仲玲．新环境下大学出版社的出版融合发展［J］．岭南师范学院学报，2018（8）.

［9］李广良．哈佛大学出版的历史经验［J］．中国编辑，2017（2）.

［10］王礼祥．大学出版社企业编制人员的发展路径［J］．现代出版，2018（3）.

［11］宋婷．大学出版社编辑工作模式变革之思索［J］．社科纵横，2019（5）.

［12］陈爱梅，李天蔚．数字化时代大学出版社版权现状分析——以苏州大学出版社为参照对象［J］．编辑出版，2018（5）.

［13］王雅菲．美国大学出版社的发展启示［J］．环球出版，2016（2）.

［14］陈建军．我国微小型出版企业运营策略分析［J］．中国编辑，2015（1）.

［15］申玲玲，闫伟华．出版转型背景下高校编辑出版人才培养路径探析［J］．中国编辑，2016（1）.

［16］刘建华．我国出版业的发展现状、趋势与投资界限［J］．出版发行研究，2015（10）.

［17］房宪鹏．新市场环境下出版社渠道管理的应对策略［J］．出版发行研究，2016（6）.

［18］刘晓嘉．中小型大学出版社组织管理刍议［J］．中国出版，2015（19）.

［19］冷桥勋，李克明，张和平．大学出版社出版精神的失落与重

塑［J］．合肥工业大学学报（社会科学版），2018，32（2）．

［20］甘世恒．"专精特新"的再思考——中小型大学出版社转型的困境与路径［J］．现代出版，2017（3）．

［21］王军．一流大学出版社建设的方向与路径思考［J］．科技与出版，2018（8）．

［22］徐诗荣．新时期中小型大学出版社发展策略新论［J］．出版发行研究，2018（9）．

［23］段存广．浅析世界一流大学出版社的特征及启示［J］．中国高校科技，2019（6）．

［24］周安平．西南师范大学出版社"三化策略"搭建高校教材良性发展"循环圈"［N］．中国图书商报，2012-10-30（26）．

［25］王金龙．浅析大学出版社的品牌经营战略［J］．出版参考，2012（11下）．